中国文化文学经典文丛

论 语

【春秋】孔子/著　李丽薇/编著　孙建军/主编

吉林文史出版社

图书在版编目（CIP）数据

论语 /（春秋）孔子著 ；李丽薇编著．
长春 ：吉林文史出版社，2016.12（2024.6重印）
（中国文化文学经典文丛 / 孙建军主编）
ISBN 978-7-5472-3023-7

Ⅰ．①论… Ⅱ．①孔… ②李… Ⅲ．①儒家
Ⅳ．①B222.21

中国版本图书馆CIP数据核字（2016）第134558号

书　　名：论　语（LUNYU）

著　　者：（春秋）孔　子
主　　编：孙建军
编　　著：李丽薇
责任编辑：高冰若
封面设计：韩东坡
出版发行：吉林文史出版社
地　　址：长春市福祉大路5788号
邮　　编：130117
电　　话：0431-81629352
网　　址：www.jlws.com.cn
印　　刷：三河市燕春印务有限公司
开　　本：920mm×1280mm　1/16
印　　张：30
字　　数：380千字
版　　次：2016年12月第1版　2024年6月第5次印刷
书　　号：ISBN 978-7-5472-3023-7

定　　价：78.00元

前 言

孔子，即孔丘，字仲尼，出生于鲁国陬邑(今山东省曲阜市尼山镇境内)，春秋末期著名的思想家、政治家、教育家。孔子是儒家学派的创始人，其儒家思想对中国和世界都有深远的影响。

孔子在古代被尊奉为“天纵之圣”“天之木铎”，是当时社会博学者之一，被后世统治者尊为孔圣人、至圣、至圣先师、万世师表、文宣皇帝、文宣王，是“世界十大文化名人”之首。

北宋政治家赵普曾有“半部《论语》治天下”之说。它从一个侧面反映出此书在中国古代社会所发挥的作用与影响之大。

相传他有弟子3000，贤弟子72人，曾带领部分弟子周游列国。孔子的思想对后世产生了极其深远的影响。孔子和战国时期儒家代表人物之一的孟子，被后世称为“孔孟”。孔孟两者思想的结合，形成了儒家思想中的“孔孟之道”。

现存《论语》20篇，492章，其中记录孔子与弟子及时人谈论之语约444章，记孔门弟子相互谈论之语48章。《论语》多为语录，但都辞约义富，有些语句、篇章形象生动。

孔子是《论语》描述的中心，“夫子风采，溢于格言”（《文心雕龙征圣》）书中不仅有关于他的仪态举止的静态描写，而且有关于他的个性气质的传神刻画。此外，围绕孔子这一中心，《论语》还成功地刻画了一些孔门弟子的形象。如子路的率直鲁莽，颜回的温雅贤良，子贡的聪颖善辩，曾皙的潇洒脱俗,等等，都可以说是个性鲜明，能给人留下深刻印象。孔子因材施教，对于不同的对象，给予不同的教诲。表现了诲人不倦的可贵精神。据《颜渊》记载，同是弟子问仁，孔子有不同的回答，答颜渊“克己复礼为仁”；答仲弓“己所不欲，勿施于人”答司马牛“仁者其言也讱”。颜渊学养高深，故答以“仁”学纲领，对仲弓和司马牛则答以细目。又如，孔子答子路：“又父兄在，如之何其闻斯行之！”因为“由也兼人，故退之。”答冉有：“闻斯行之。”因为“求也退，故进之”。这不仅是因材施教的教育方法问题，其中还饱含孔子对弟子的高度的责任心！

目 录

学而篇第一

《学而》是《论语》第一篇的篇名。《学而》一篇包括16章，内容涉及诸多方面。其中重点是“吾日三省吾身”；“节用而爱人，使民以时”；“礼之用，和为贵”以及仁、孝、信等道德范畴。

【原文】

子曰①：“学而时②习③之，不亦说④乎？有朋⑤自远方来，不亦乐⑥乎？人不知⑦而不愠⑧，不亦君子⑨乎？”

【注释】

①子：中国古代对于有地位、有学问的男子的尊称，有时也泛称男子。《论语》中“子曰”的子，都是指孔子。

②时：在周秦时代，“时”字用作副词，意为“在一定的时候”或者“在适当的时候”。朱熹在《论语集注》一书中把“时”解释为“时常”。

③习：指温习、实习、练习的意思。

④说："同悦，愉快、高兴的意思。

⑤有朋：一作"友朋"。旧注说，"同门曰朋"，即同在一位老师门下学习的叫朋，也就是志同道合的人。

⑥乐：旧注说，悦在内心，乐则见于外。

⑦人不知：此句不完整，没有说出人不知道什么。缺少宾语。一般来说，知，是了解的意思。人不知，是说别人不了解自己。

⑧愠：恼怒，怨恨。

⑨君子：《论语》书中的君子，有时指有德者，有时指有位者。此处指有德的人。

【译文】

孔子说："学习并且按着一定的时间去温习，不也很愉快吗？有朋友从远方来，不也很高兴吗？人家不了解我，我也不怨恨，这样的人难道不是君子吗？"

【评析】

本章提出应以学习为乐事，要做到人不知而不愠，反映出孔子学而不厌、诲人不倦、注重修养、严格要求自己的主张。

【原文】

有子[1]曰："其为人也孝弟[2]，而好犯上[3]者，鲜[4]矣；不好犯上，而好作乱者，未之有也[5]。君子务本[6]，本立而道[7]生。孝弟也者，其为仁之本[8]与！"

【注释】

①有子：孔子的学生，姓有，名若在《论语》中，记载的孔子学生，一般都称字，只有曾参和有若称"子"。因此，许多人认为《论语》即由曾参和有若所著述。

②孝弟：孝，在奴隶社会时期被认定的子女对待父母的正确态度；弟，读音和意义与"悌"相同，即弟弟对待兄长的正确态度。孝、弟是孔子和儒家特别提倡的两个基本道德规范。

③犯上：犯，冒犯、违反。上，指在上位的人。

④鲜：少的意思。《论语》中的"鲜"字都是此用法。

⑤未之有也：此为"未有之也"的倒装句型。古代的句法有一条规律，否定句中的宾语若为代词，一般置

于动词之前。

⑥务本：务，专心、致力于。本，根本，基础。

⑦道：此处指孔子提倡的仁道，即以仁为核心的整个道德思想体系及其在实际生活的体现。

⑧为仁之本：仁是孔子的最高道德的范畴，也是伦理道德准则。为仁之本，即以孝悌作为仁的根本。还有一种解释，认为古代的“仁”就是“人”字，为仁之本即做人的根本。

【译文】

有若说：“作为一个人如果能孝顺父母，尊敬兄长，却又喜欢冒犯上级，这种人是很少的。不愿意触犯上级，却喜欢造反的人，是从来没有的。君子要专心致力于根本，根本树立了，‘道’就会产生。孝顺爹娘，尊敬兄长，就是仁的根本。”

【评析】

有子认为，人们如果能够在家中对父母尽孝，对兄长顺服，那么他在外就可以对国家尽忠，忠是以孝弟为前提，孝弟以忠为目的。

【原文】

子曰："巧言令色[①]，鲜[②]矣仁。"

【注释】

①巧言令色：朱熹注曰："好其言，善其色，致饰于外，务以说人。"巧和令都是美好的意思。但此处应释为花言巧语、伪善的样子。

②鲜：少的意思。

【译文】

孔子说："花言巧语，伪善的样子，这样的人仁德是不多的。"

【评析】

本章孔子讲仁的反面，即为花言巧语，工于辞令。儒家崇尚质朴，反对花言巧语；主张说话应谨慎小心，说到做到，先做后说，反对说话办事随心所欲，只说不做，停留在口头上。

【原文】

曾子[①]曰："吾日三省[②]吾身——为人谋而不忠[③]乎？与朋友交

而不信④乎？传不习⑤乎②？”

【注释】

①曾子：曾子姓曾名参字子舆，鲁国人，是孔子的得意门生，以孝出名。

②三省：省检查、反省。省，古代在有动作性的动词前加上数字，表示动作频率高，不必认定为三次。

③忠：此处指对人尽心竭力。

④信：诚也。以诚实之谓信。

⑤传不习：传，老师传授给自己的。习，与“学而时习之”的“习”字一样，指温习、实习、演习等，此处指复习。

【译文】

孔子的学生曾子说：“我每天多次反省自己——为别人做事是否尽心竭力了？与朋友交往是否诚实？老师传授的学业是否温习了吗？”

【评析】

本章中曾子提出了“忠”和“信”的范畴。忠的特点是一个“尽”字，办事尽力，死而后已。“信”的含义有二，一是信任、二是信用。其内容是诚实不欺，用来处理上下等级和朋友之间的关系，信特别与言论有关，表示说真话，说话算数。这是一个人立身处世的基石。

【原文】

子曰："道①千乘之国②，敬事③而信，节用而爱人④，使民以时⑤。"

【注解】

①道：作动词用。这里是治理的意思。

②千乘之国：乘，这里指古代军队的基层单位，指用四匹马拉的兵车，车上甲士3人，车下步卒72人，后勤人员25人，共计100人。千乘之国，指拥有1000辆战车的国家，即诸侯国。春秋时期国家的强弱都用车辆的数目来计算，千乘之国已经不是大国。

③敬事：敬字一般用于表示工作的态度，尤其是对待所从事的事务要严肃认真。

④爱人：古代"人"的含义有广义与狭义的区别。广义的"人"，指一切人群；狭义的"人"，指士大夫以上阶层的人。这里"人"与"民"相对而言，用的是狭义。

⑤使民以时：古代生活以农业为主，这是说要役使

百姓在农闲时间。

【译文】

孔子说："治理拥有一千辆兵车的国家，严肃认真对待工作而守信用，要节俭用而爱护官吏，役使百姓要在农闲时间。"

【评析】

孔子在本章中所说的话，主要是对国家的执政者而言的，是关于治理国家的基本原则。他讲了三个方面的问题，即要求统治者严肃认真地办理国家各方面事务，恪守信用；节约用度，爱护官吏；役使百姓在农闲时间等。这是治国安邦的基本点。

【原文】

子曰："弟子①，入②则孝，出③则悌，谨④而信，泛⑤爱众，而亲仁⑥。行有余力⑦，则以学文⑧。"

【注释】

①弟子：一般有两种意义：一是年纪较小的人；二是指学生。这里是用一种意义上的"弟子"。

②入：《礼记·内则》："由命士以上，父子皆异宫"。指入父宫，指进入父亲住处。

③出：与"入"相对而言，指出己宫。出则悌，是指出门在外要尊敬师长。

④谨：寡言少语。

⑤泛：同泛，广泛。

⑥仁：即仁人，有仁德的人。

⑦行有余力：指有空闲时间。

⑧文：古代文献。主要有诗、书、礼、乐等文化知识。

【译文】

孔子说："学生，在家里要孝顺父母，出门在外要敬爱师长，寡言少语而诚实可信，博爱众人，亲近有仁德的人，躬行实践之后有剩余的力量，再去学习文献。"

【评析】

本章再次提及孝悌这个问题。孔子要求弟子们首先要致力于孝悌、谨信、爱众、亲仁，培养良好的道德观念和道德行为，如果还有闲暇时间和余力，就要去学习古代文献。

【原文】

子夏[①]曰："贤贤[②]易[③]色；事父母，能竭其力；事君，能致其身[④]；与朋友交，言而有信。虽曰未学，吾必谓之学矣。"

【注释】

①子夏：姓卜，名商，字子夏，孔子的学生，比孔子小44岁。孔子死后，他在魏国宣传孔子的思想主张。

②贤贤：第一个"贤"字作动词用，尊重的意思。贤贤即尊重贤者。

③易：有两种解释；一是交换、改变的意思；二是轻视的意思，即看重贤德而轻视女色。

④致其身：致，意为"献纳""尽力"。这是指豁出生命。

【译文】

子夏说："看中贤德而轻视女色；侍奉父母，能尽心竭力；侍奉君主，能豁出生命；与朋友交往，说话诚实可信。这样的人，虽然说没有学习过，我一定说他是学习过了。"

【评析】

子夏认为，一个人有没有学问，他的学问的好坏，主要不是看他的文化知识，而是要看他能不能实行“孝”“忠”“信”等传统伦理道德。只要做到了后面几点，即使他说自己没有学习过，但他已经是有道德修养的人了。

【原文】

子曰：“君子[1]不重[2]，则不威；学则不固[3]。主忠信[4]。无[5]友不如己[6]者。过[7]，则勿惮[8]改。”

【注释】

①君子：这个词一直贯穿至末尾，因此将这两字应当有一个停顿。

②重：庄重、自持。

③学则不固：巩固，与上句相连，不庄重就没有威严，所学也不巩固。

④主忠信：以忠信为主。

⑤无：通毋，“不要”的意思。

⑥不如己：不如自己。

⑦过：过错、过失。

⑧惮：害怕、畏惧。

【译文】

孔子说：“君子如果不庄重，就没有威严；所学的东西也不巩固。要以忠信两种道德为主，不要与不如自己的人交朋友。有了过错，就不要怕改正。”

【评析】

本章中，孔子提出了君子应当庄重威严、认真学习、慎重交友、过而能改等项。作为具有理想人格的君子，从外表上应当给人以庄重大方、威严深沉的形象，使人感到稳重可靠，可以付之重托。他重视学习，不自我封闭，善于结交朋友，而且有错必改。

【原文】

曾子曰：“慎终[①]，追远[②]，民德归厚矣。”

【注释】

①慎终：父母的去世。旧注曰：慎终者丧尽其哀。

②追远：追念远指祖先。旧注曰：“追远者祭尽其敬。

【译文】

曾子说："谨慎地对待父母的去世，追念远代的祖先，百姓的德行自然会归于忠厚老实了。"

【评析】

在孔子的观念中，祭祀已经被异化，不单是祭祀亡灵，而是把祭祀之礼看作一个人孝道的继续和表现，通过祭祀之礼，可以寄托和培养个人对父母和先祖尽孝的情感。因此，本章仍是继续深化"孝"这一道德观念和道德行为的内容。

【原文】

子禽①问于子贡②曰："夫子③至于是邦④也，必闻其政，求之与？抑⑤与之与？"子贡曰："夫子温、良、恭、俭、让⑥以得之。夫子之求之也，其诸⑦异乎人之求之与？"

【注释】

①子禽：姓陈名亢，字子禽。

②子贡：姓端木名赐，字子贡，卫国人，是孔子的学生。子贡善辩，孔子认为他可以做大国的宰相。据

《史记》记载，子贡在卫国做了商人，家有财产千金，是有名的商业家。

③夫子：这是古代的一种敬称，凡是做过大夫的人都可以取得这一敬称。孔子曾担任过鲁国的司寇，所以他的学生们称他为“夫子”。因此沿袭以称呼老师。《论语》中的“夫子”，都是孔子的学生对他的称呼。

④邦：指当时的诸侯国家。

⑤抑：还是。

⑥温、良、恭、俭、让：就字面理解即为：温和、善良、严肃、俭朴、谦逊。这是孔子的弟子对他的赞誉。

⑦其诸：语气词，有“大概”“或者”的意思。

【译文】

子禽向子贡问道：“（孔子）他老人家一到哪个国家，必然听得到那个国家的政事，是他自己求来的呢，还是别人主动告诉他的呢？”子贡说：“他老人家是靠温和、善良、严肃、节俭、谦逊来取得的。他老人家获取的方法，大概和别人获取的方法不相同吧？”

【评析】

本章通过子禽与子贡两人的对话，把孔子的为人处世品格勾画出来。孔子之所以受到各国统治者的礼遇和器重，就在于孔子具备温和、善良、恭敬、俭朴、谦让的道德品格。

【原文】

子曰："父在，观其[①]志；父没，观其行[②]；三年[③]无改于父之道[④]，可谓孝矣。"

【注释】

①其：他的，此文指儿子。

②行：指行为举止等。

③三年：对于古人所说的数字不必过于机械地理解，较长的时间。

④道：有时候是一般意义上的名词，无论好坏、善恶都可以叫作道。但更多时候是积极意义的名词，表示善的、好的东西。这里表示"合理部分"。

【译文】

孔子说："父亲在世的时候，要观察他的志向；父亲去世以后，要考察他的行为；如果他多年不改变父亲的合理部分，可以称得上是孝顺了。"

【评析】

在本章中孔子说一个人当父亲死后，三年内都不能改变他父亲的合理部分，这就是尽孝了。其实，这样的孝，片面强调了儿子对父亲的依从。宋儒所作的注说，如不能无改于父之道，所行虽善亦不得为孝。这样，无改于父之道则成了最大的善，否则便是不善。

【原文】

有子曰："礼①之用，和②为贵。先王之道③，斯④为美；小大由之②。有所不行，知和而和，不以礼节之，亦不可行也。"

【注释】

①礼：此文中的"礼"，既指"周礼"，礼节、仪式，也指人们的道德规范。

②和：恰当调和、和谐、协调。

③先王之道：指尧、舜、禹、汤、文、武，周公等古代帝王治理国家之道。

④斯：这、此等意。这里指礼，也指和。

【译文】

有子说："礼的作用，以和谐、恰当为贵，先王治理国家之道，最宝贵的也在这里。他们无论大事小事都遵循这一点。如有行不通的地方，为恰当而求得恰当，不用礼仪来加以节制，也是不可行的。"

【评析】

孔门认为，礼的推行和应用要以和谐为贵。但是，凡事都要讲和谐，或者为和谐而和谐，不受礼文的约束也是行不通的。这是说，既要遵守礼所规定的等级差别，相互之间又不要出现不和。

【原文】

有子曰："信近①于义②，言可复③也。恭近于礼，远④耻辱也。因⑤不失其亲，亦可宗⑥也。"

【注释】

①近：接近、符合的意思。

②义：义是儒家的伦理范畴。是指思想和行为符合一定的道义准则。

③复：兑现实践的意思。朱熹《集注》云：复，践言也。”

④远：动词，使动用法，使之远离的意思，此处译为避免。

⑤因：依靠、凭借。

⑥宗：主，可靠，一般解释为“尊敬”似有不妥之处。

【译文】

有子说：“所守的诺言符合道义准则，诺言就可以兑现。态度恭敬合乎礼仪，就可以避免遭受耻辱。凭借亲近的人，也就可靠了。”

【评析】

本章表明孔子弟子对“信”和“恭”是十分看重的。“信”和“恭”都要以周礼为标准，不符合于礼的话绝不能讲，讲了就不是“信”的态度；不符合于礼的事绝不能做，做了就不是“恭”的态度。这是讲的为人处世的基本态度。

【原文】

子曰：“君子食无求饱，居无求安，敏于事而慎于言，就[①]有道

[2]而正[3]焉，可谓好学也已。”

【注释】

①就：去靠近、看齐。

②有道：指有道德的人。

③正：匡正、端正。

【译文】

孔子说：“君子饮食不求饱足，居处不求舒适，勤勉做事而说话谨慎，到有道德的人那里去匡正自己，这样，可以说是好学的了。”

【评析】

孔子认为，一个有道德的人，不应当过多地讲究自己的饮食与居处，他在工作方面应当勤劳敏捷，谨慎小心，而且能经常检讨自己，请有道德的人对自己的言行加以匡正。

【原文】

子贡曰：“贫而无谄[1]，富而无骄，何如[2]？”

子曰：“可也；未若贫而乐[3]，富而好礼者也。”

子贡曰："诗云：'如切如磋，如琢如磨④。'其斯之谓与？"子曰："赐⑤也，始可与言《诗》已矣，告诸往而知来者⑥。"

【注释】

①谄：意为巴结、奉承。

②何如：《论语》中的"何如"，都译为"怎么样"。

③贫而乐：一本作"贫而乐道"。

④如切如磋，如琢如磨：此二句见于《诗经·卫风·淇澳》。有两种解释：一说切磋琢磨分别指对骨、象牙、玉、石四种不同材料的加工，否则不能成器；一说加工象牙和骨，切了还要磋，加工玉石，琢了还要磨，有精益求精之意。

⑤赐：子贡名，孔子对学生都称其名。

⑥告诸往而知来者：诸，同之；往，过去的事情；来，未来的事情。

【译文】

子贡说："贫穷而不去巴结奉承，富有却不骄傲自大，怎么样？"

孔子说："可以了；但是还不如贫穷却乐于道，

有钱却谦虚好礼的好。”子贡说：“《诗经》说：“既像雕刻骨器，又像雕刻象牙；既像雕琢玉，又像雕刻石一样下功夫。’大概说的就是这个意思吧？”孔子曰：“子贡啊，现在可以和你讨论《诗经》了，提起学过的知识，你就知道将来要学的知识，并有所发挥，能举一反三了。”

【评析】

孔子希望他的弟子以及所有的人，都能够达到贫而乐道、富而好礼这样的理想境界，因而在平时对弟子的教育中，就把这样的思想讲授给学生。这段对话中可以看出，子贡能独立思考、举一反三，因而得到孔子的赞扬。这是孔子教育思想中的一个显著特点。

【原文】

子曰：“不患[①]人之不己知，患不知人[②]也。”

【注释】

①患：忧虑、怕担心。

②人：指有教养、有知识的人。

【译文】

孔子说："不担心别人不了解我，就担心自己不了解别人。"

【评析】

这段话是孔子对自己学生所传授的为人处世之道。在了解别人的过程中，也使别人了解自己。

为政篇第二

《为政》篇包括24章。本篇主要内容涉及孔子“为政以德”的思想、如何谋求官职和从政为官的基本原则、学习与思考的关系、孔子本人学习和修养的过程、温故而知新的学习方法，以及对孝、悌等道德范畴的进一步阐述。

【原文】

子曰：“为政以德①，譬如北辰②，居其所③而众星共④之。”

【注释】

①为政以德：以，用的意思。此句是说统治者应用道德来进行统治，即“德治”。

②北辰：北极星。

③所：位置。

④共：同拱，环绕的意思。

【译文】

孔子说：“用道德来治理国政，自己就像北极星一样，在自己一定的位置上别的星星都绕着它。”

【评析】

这段话代表了孔子的“为政以德”的思想，意思是说，统治者如果德治国，群臣百姓就会自动围着你。这是强调道德对政治生活的决定作用，主张道德教化为治国的准则。

【原文】

子曰：“《诗》三百[①]，一言以蔽[②]之，曰：“‘思无邪[③]。’”

【注释】

①诗三百：诗，指《诗经》，此书实有305篇，三百只是举其整数。

②蔽：概括。

③思无邪：此为《诗经·鲁颂·駉篇》中的一句，此处的“思”作思想解。无邪，纯正。

【译文】

孔子说：“《诗经》三百篇，用一句话来概括它，那就是‘思想纯正’。”

【评析】

孔子对《诗经》有深入研究，所以他用“思无邪”来概括它。《论语》中解释《诗经》的话，都是按照“思无邪”这个原则而提出的。

【原文】

子曰：“道[1]之以政，齐[2]之以刑，民免[3]而无耻[4]；道之以德，齐之以礼，有耻且格[5]。”

【注释】

①道：有两种解释：一为“引导”；二为“治理”。

②齐：整顿、约束。

③免：免罪、免刑、免祸、避免、躲避。

④耻：羞耻之心。

⑤格：有三种解释：一为“至”；二为“正”；三为“来”。

【译文】

孔子说：“用政法来引导他们，用刑法来整顿他们，百姓只是暂时地免受刑罚，但却没有廉耻之心。如果用道德来引导，用礼教来整顿，百姓不但有廉耻之心，而且人心归服。”

【评析】

本章中，孔子举出两种截然不同的治国方针。孔子认为，刑罚只能使人避免犯罪，不能使人懂得犯罪可耻的道理，而道德教化比刑罚要高明得多，既能使百姓守规蹈矩，又能使百姓有知耻之心。

【原文】

子曰：“吾十有①五而志于学，三十而立②，四十而不惑③，五十而知天命④，六十而耳顺⑤，七十而从心所欲，不逾矩。⑥”

【注释】

①有：同“又”。

②立：站得住的意思，此处为“都有把握”之意。

③不惑：掌握了知识，不被外界事物所迷惑。

④天命：指不能为人力所支配的事情。

⑤耳顺：对此有多种解释。一般而言，指对那些于己不利的意见也能正确对待。

⑥从心所欲，不逾矩：从，遵从；逾，越过；矩，

规矩。

【译文】

孔子说："我十五岁有志于学问，三十岁说话办事都有把握，四十岁掌握了各种知识，不至于迷惑，五十岁了解并顺应了自然规律，六十岁对耳闻的东西能分辨是非真假，七十岁可以随心所欲，又不超越规矩。"

【评析】

本章，孔子自述了他学习和修养的过程。这一过程，是一个随着年龄的增长，思想境界逐步提高的过程。

【原文】

孟懿子①问孝。子曰："无违②。"樊迟③御④，子告之曰："孟孙⑤问孝于我，我对曰：'无违。'"樊迟曰："何谓也？"子曰："生，事之以礼；死，葬之以礼，祭之以礼。"

【注释】

①孟懿子：鲁国的大夫，三家之一，姓仲孙，名何忌，"懿"是谥号。其父临终前要他向孔子学礼。

②无违：违礼。

③樊迟：孔子的弟子，姓樊名须，字子迟，比孔子小46岁。

④御：赶马车。

⑤孟孙：指孟懿子。

【译文】

孟懿子向孔子问关于孝道的事情。孔子说：“不要违背礼节。”

樊迟为孔子赶车，孔子告诉他说：“孟孙向我问关于孝道的事情，我回答说：‘不要违背礼节。’”樊迟说：“这是什么意思呢？”孔子说：“父母活着的时候，按照礼节侍奉他们；父母死了，按照礼节埋葬他们，祭祀他们。”

【评析】

孔子极其重视孝，要求人们对自己的父母尽孝道，无论他们在世或去世，都应如此。但这里着重讲的是，尽孝时不应违背礼的规定，否则就不是真正的孝。

【原文】

孟武伯[①]问孝。子曰：“父母唯其疾[②]之忧。”

【注释】

①孟武伯：孟懿子的儿子，仲孙彘。“武”是他的谥号。

②其，代词，“他的”“他们的”，这里指父母。疾，病。

【译文】

孟武伯向孔子请教孝道。孔子说：“做父母的担忧儿女生病。”

【评析】

本章是孔子对孟懿子之子问孝的答案。

【原文】

子游[①]问孝。子曰：“今之孝者，是谓能养。至于犬马，皆能有养[②]；不敬，何以别乎？”

【注释】

①子游：姓言名偃，字子游，吴人，比孔子小45岁。

②养：读去声，音为样。

【译文】

子游向孔子问孝道。孔子说："现在的所谓孝，是说能养活父母就行了。而犬马都能得到饲养；如果对父母不恭敬孝顺的话，那和饲养犬马怎样区别呢？"

【原文】

子夏问孝。子曰："色难[①]。有事，弟子服其劳[②]；有酒食，先生[③]馔[④]，曾是以为孝乎？"

【注释】

①色难：色，脸色。难，不容易，难事。

②服其劳：服，从事、担负。服劳即服侍效劳。

③先生：先生指年长者或父母。

④馔：意为吃喝。

【译文】

子夏向孔子问关于孝道的问题。孔子说："在父母面前经常和颜悦色是件难事。有事情，年轻人效劳；有酒肴，父兄来吃喝，这样可以认为是孝吗？"

【评析】

不仅要从形式上按周礼的原则侍奉父母，而且要从内心深处真正地孝敬父母。

【原文】

子曰：“吾与回[①]言终日，不违[②]，如愚。退而省其私[③]，亦足以发，回也不愚。”

【注释】

①回：姓颜名回，字子渊，比孔子小30岁，鲁国人，孔子最得意的学生。

②不违：不提反对意见和疑问。

③退而省其私：等颜回去私下里自己研究。

【译文】

孔子说：“我整天和颜回讨论学问，他从不提不同见解，像个愚人。等他回去自己研究，却也有所发挥，可见颜回并不愚蠢。”

【评析】

孔子不满意那种“终日不违”，从来不提不同见解的学生，希望学生在接受教育的时候，要认真思考，对老师所讲的问题应当有所发挥。所以，他认为不思考问题，不提不同意见的人，是蠢人。

【原文】

子曰："视其所以[①]，观其所由[②]，察其所安[③]。人焉廋[④]哉？人焉廋哉？"

【注释】

①所以：所做的事情。

②所由：所走过的道路。

③所安：所安的心境。

④廋：隐藏、藏匿。

【译文】

孔子说："考查一个人，要看他所做的事，观察他所做事情的原因，考察他做事时的心情，安于什么，不安于什么。那么，这个人还怎样隐藏得住呢？这个人还怎样隐藏得住呢？"

【评析】

孔子认为，对人应当听其言而观其行，还要看他做事的心情，从他的言论、行动到他的内心，全面了解观察一个人，那么这个人就没有什么可以隐藏得了的。

【原文】

子曰："温故而知新[1]，可以为师矣。"

【注释】

①温故而知新：故，旧知识。新，新学到的知识。

【译文】

孔子说："温习旧知识，能有新的体会和发现，就可以做老师了。"

【评析】

"温故而知新"是孔子对我国教育学的重大贡献之一，他认为，不断温习所学过的知识，从而可以获得新知识。

【原文】

子曰："君子不器[1]。"

【注释】

①器：器具，器皿。

【译文】

孔子说：“君子不能像器皿一样只有一种用途。”

【评析】

孔子说，君子不能像器皿一样只有一种用途，应当博学多识，具有多方面才干，不只局限于某个方面，因此，他可以通观全局、领导全局，成为合格的领导者。

【原文】

子贡问君子。子曰：“先行其言而后从之。”

【译文】

子贡问怎样才能成为一个君子。孔子说：“对你要说的话先做出来再说出来。”

【评析】

孔子认为，作为君子，不能只说不做，而应先做后说。只有先做后说，才可以取信于人。

【原文】

子曰："君子周[1]而不比[2]，小人比而不周。"

【注释】

①周：团结、合群。

②比：勾结。

【译文】

孔子说："君子是团结人而不相互勾结；小人是相互勾结而不能团结人。"

【评析】

孔子提出：小人结党营私，与人相勾结，不能与大多数人融洽相处；而君子则不同，他胸怀广阔，与众人和谐相处，从不与人相勾结。

【原文】

子曰："学而不思则罔[1]，思而不学则殆[2]。"

【注释】

①罔：迷惑、糊涂、受骗。

②殆：疑惑、危险。

【译文】

孔子说："只读书而不深入思考就会迷惑无知；只是空想而不读书就会有疑惑。"

【评析】

孔子认为，在学习的过程中，学和思不能偏废。他指出了学而不思的局限，也道出了思而不学的弊端。主张学与思相结合。

【原文】

子曰："攻①乎异端②，斯③害也已④。"

【注释】

①攻：攻击，批判。

②异端：不正确的言论。另外、不同的一端。

③斯：这就。

④也已：这里用作语气词。

【译文】

孔子说："批判那些不正确的言论，这些祸害就可以阻止。”

【原文】

子曰：“由[①]！诲女[②]知之乎？知之为知之，不知为不知，是知也。”

【注释】

①由：姓仲名由，字子路，孔子的学生，长期追随孔子。

②女：同汝，你。

【译文】

孔子说：“仲由！我教给你对待知或不知的正确态度吧！知道的就是知道，不知道的就是不知道，这就是明智的。”

【评析】

本章里孔子说出了一个深刻的道理：“知之为知之，不知为不知，是知也。”

【原文】

子张[①]学干禄[②]。子曰：“多闻阙[③]疑[④]，慎言其余，则寡尤[⑤]；

多见阙殆，慎行其余[②]，则寡悔。言寡尤，行寡悔，禄在其中矣。”

【注释】

①子张：姓颛孙名师，字子张，生于公元前503年，比孔子小48岁，孔子的学生。

②干禄：干，求的意思。禄，即古代官吏的俸禄。干禄就是求取官职。

③阙：缺。此处意为放置在一旁。

④疑：怀疑。

⑤寡尤：寡，少的意思。尤，过错。

【译文】

子张向孔子学习求官得俸禄的方法。孔子说：“多听，有怀疑的地方加以保留；其余知道的部分谨慎地说出，这样做就能减少错误；多看，有怀疑的地方保留，其余了解的部分慎重地去做，就能减少懊悔。说话的过错少，行为的懊悔少，官职俸禄就在里面了。”

【评析】

孔子并不反对他的学生谋求官职，在《论语》中还有“学而优则仕”的观念。他认为，身居官位者，应当谨言慎行，说有把握的话，做有把握的事，这样可以减少失误，减少后悔，这是对国家对个人负责任的态度。当然这里所说的，并不仅仅是一个为官的方法，也表明了孔子在知与行二者关系问题上的观念，是对上一章“知之为知之”的进一步解说。

【原文】

哀公[①]问曰：“何为则民服？”孔子对曰[②]：“举直错诸枉[③]，则民服；举枉错[②]诸直，则民不服。”

【注释】

①哀公：姓姬名蒋，哀是其谥号，鲁国国君，公元前494—前468年在位。

②对曰：“《论语》中记载对国君及在上位者问话的回答都用“对曰”，以表示尊敬。

③举直错诸枉：举，选拔的意思。直，正直公平。错，同措，放置。枉，不正直。

【译文】

鲁哀公问孔子说：“怎样做才能使百姓信服？”孔子回答说：“推举正直的人放在邪曲人之上，百姓就信服了。

如果推举邪曲的人放在正直人之上，百姓就不会信服。”

【评析】

亲君子，远小人，这是孔子一贯的主张。在选用人才的问题上仍是如此。荐举贤才、选贤用能，这是孔子德治思想的重要组成部分。宗法制度下的选官用吏，唯亲是举，非亲非故者即使再有才干，也不会被选用。孔子的这种用人思想可说在当时是一大进步。“任人唯贤”的思想，在今天不失其珍贵的价值。

【原文】

季康子[①]问：“使民敬忠以[②]劝[③]，如之何？”子曰：“临[④]之以庄则敬，孝慈[⑤]则忠，举善而教不能则劝。”

【注释】

①季康子：姓季孙名肥，康是他的谥号，鲁哀公时任正卿，是当时政治上最有权势的人。

②以：连接词，与“而”同。

③劝：勉励。这里是自勉努力的意思。

④临：对待。

⑤孝慈：一说当政者自己孝慈；一说当政者引导老

百姓孝慈。此处采用后者。

【译文】

季康子向孔子问道："要使百姓恭敬忠诚而又能互相勉励，应该怎样做呢？"孔子说："要以庄重认真的态度对待百姓，他们就会恭敬，你孝顺父母，抚爱幼小，百姓就会忠诚于你；荐举好人而教育弱者，他们就会互相勉励而上进了。"

【评析】

本章内容还是在谈如何从政的问题。孔子主张"礼治""德治"，这不单单是针对老百姓的，对于当政者仍是如此。当政者本人应当庄重严谨、孝顺慈祥，老百姓就会对当政的人尊敬、尽忠又努力干活。

【原文】

或①谓孔子曰："子奚②不为政？"子曰："书③云：'孝乎惟孝，友于兄弟，施于有政④。'是亦为政，奚其为为政？"

【注释】

①或：有人。不定代词。

②奚：疑问词，相当于“为什么”。

③书：指《尚书》。

④施于有政：施：一作施行讲；一作延及讲。

【译文】

有人对孔子说：“你为什么不参与政事？”孔子答道：“《尚书》上说：“孝呀，只有孝敬父母，友爱兄弟，把这种风气影响到政治上去。’这也是参与政治呀，为什么一定要做官才算参与政治呢？”

【评析】

这一章反映了孔子两方面的思想主张。其一，国家政治以孝为本，孝父友兄的人才有资格担当国家的官职。说明了孔子的“德治”思想主张。其二孔子从事教育，不仅是教授学生的问题，而且是通过对学生的教育，间接参与国家政治，这是他教育思想的实质，也是他为政的一种形式。

【原文】

子曰：“人而无信，不知其可也。大车无小车无，其何以行之哉？”

【注释】

①輗：古代大车车辕前面横木上的木销子。大车指的是牛车。

②軏：古代小车车辕前面横木上的木销子。没有輗和軏，车就不能走。

【译文】

孔子说："一个人如果不讲信用，不知道他怎么可以做人。就像大车没有輗（车辕横木上的关键），小车没有軏（车辕横木上的关键）一样，怎么能走路呢？"

【评析】

信，是儒家传统伦理准则之一。孔子认为，信是人立身处世的基点。在《论语》书中，信的含义有两种：一是信任，即取得别人的信任，二是对人讲信用。在后面的《子张》《阳货》《子路》等篇中，都提到信的道德。

【原文】

子张问："十世[①]可知也？"子曰："殷因[②]于夏礼，所损益，可知也；周因于殷礼，所损益[3]，可知也。其或继周者，虽百世，可知也。”

【注释】

①世：古时称30年为一世。也有的把“世”解释为朝代。

②因：因袭：沿用、继承。

③损益：减少和增加，即优化、变动之义。

【译文】

子张向孔子问道：“十代以后的礼仪制度你可以预先知道吗？”孔子说：“殷代继承了夏朝的礼仪制度，所增加和减少的，是可以知道的；周朝继承殷朝的礼仪制度，所增加和减少的，也是可以知道的。今后有谁来继承周代的礼仪制度，就是百代以后，也是可以预先知道的。”

【评析】

本章中孔子提出一个重要概念：损益。它的含义是增减、兴革。即对前代典章制度、礼仪规范等有继承、沿袭，也有改革、变通。这表明，孔子本人并不是顽固保守派，并不一定要回到周公时代，他也不反对所有的改革。当然，他的损益程度是受限制的，是以不改变周礼的基本性质为前提的。

【原文】

子曰："非其鬼①而祭之，谄②也。见义③不为，无勇也。"

【注释】

①鬼：有两种解释：一是指鬼神，二是指死去的祖先。这里泛指鬼神。

②谄：谄媚、阿谀。

③义：人应该做的事就是义。

【译文】

孔子说："不是自己应该祭祀的鬼神而去祭祀它，这是献媚。需要见义勇为时而不能挺身而出，这是没有勇气。"

【评析】

在本章中，孔子又提出"义"和"勇"的概念，这都是儒家有关塑造高尚人格的规范。《论语集解》注：

义，所宜为。符合于仁、礼要求的，就是义。“勇”，就是果敢，勇敢。孔子把“勇”作为实行“仁”的条件之一，“勇”，必须符合“仁、义、礼、智”，才算是勇，否则就是“乱”。

八佾篇第三

《八佾》篇包括26章。本篇主要内容涉及“礼”的问题，主张维护礼在制度上、礼节上的种种规定；孔子提出“绘事后素”的命题，表达了他的伦理思想以及“君使臣以礼，臣事君以忠”的政治道德主张。本篇重点讨论如何维护“礼”的问题。

【原文】

孔子谓季氏①，“八佾②舞于庭，是可忍也，孰不可忍③也？”

【注释】

①季氏：鲁国正卿季孙氏，即季平子。

②八佾：佾音，行列的意思。古时一佾8人，八佾就是64人，据《周礼》规定，只有周天子才可以使用八佾，诸侯为六佾，卿大夫为四佾，士用二佾。季氏是正卿，只能用四佾。

③可忍：可以忍心。一说可以容忍。

【译文】

孔子谈到季氏，说："他用六十四人在宗庙的厅堂里奏乐舞蹈，如果这样的事情都能够忍受，还有什么事情不能够忍受呢？"

【评析】

春秋末期，奴隶制社会处于土崩瓦解、礼崩乐坏的过程中，违犯周礼、犯上作乱的事情不断发生，这是封建制代替奴隶制过程中的必然表现。季孙氏用八佾舞于庭院，是典型的破坏周礼的事件。对此，孔子表现出极大的愤慨，"是可忍孰不可忍"一句，反映了孔子对此事的基本态度。

【原文】

三家①者以《雍》②彻。子曰："'相维辟公③，天子穆穆'，奚取于三家之堂④？"

【注释】

①三家：鲁国当政的三家：孟孙氏、叔孙氏、季孙氏。他们都是鲁桓公的后代，又称"三桓"。

②《雍》：《诗经·周颂》中的一篇。古代天子祭宗庙完毕撤去祭品时唱这首诗。

③相维辟公，天子穆穆：《雍》诗中的两句。相，助。维，语助词，无意义。辟公，指诸侯。穆穆：庄严肃穆。

④堂：接客祭祖的地方。

【译文】

仲孙、叔孙、季孙三家，祭祀祖先时，他们唱着《诗经·周颂·雍》这篇诗来结束祭礼。孔子说："《雍》诗上有'诸侯助祭，天子庄严肃穆'这样的诗句，怎么能用于三家祭祀的厅堂上呢？"

【评析】

本章与前章都是谈鲁国当政者违"礼"的事件。对于这些越礼犯上的举动，孔子表现得极为愤慨，天子有天子之礼，诸侯有诸侯之礼，各守各的礼，才可以使天下安定。因此，"礼"，是孔子政治思想体系中的重要范畴。

【原文】

子曰："人而不仁，如礼何？人而不仁，如乐何？"

【译文】

孔子说："做人却没有仁德之心，怎样来对待礼仪制度呢？做人却没有仁德之心，又怎样来对待音乐呢？"

【评析】

乐是表达人们思想情感的一种形式，在古代，它也是礼的一部分。礼与乐都是外在的表现，而仁则是人们内心的道德情感和要求，所以乐必须反映人们的仁德。这里，孔子就把礼、乐与仁紧紧联系起来，认为没有仁德的人，根本谈不上什么礼、乐的问题。

【原文】

林放①问礼之本。子曰："大哉问！礼，与其奢也，宁俭；丧，与其易②也，宁戚③。"

【注释】

①林放：鲁国人。

②易：治理。这里指有关丧葬的礼节仪式办理得很周到。一说谦和、平易。

③戚：心中悲哀的意思。

【译文】

鲁国人林放问礼的本质。孔子说："这个问题意义重大啊！礼，与其求形式的奢华，宁可俭朴；丧礼，与其求得周全，宁可悲哀更好。"

【评析】

本章记载了鲁人林放向孔子问礼的对话。他问的是：礼的根本究竟是什么。孔子在这里似乎没有正面回答他的问题，但仔细琢磨，孔子还是明确解答了礼之根本的问题。这就是，礼节仪式只是表达礼的一种形式，但根本不在形式而在内心。不能只停留在表面仪式上，更重要的是要从内心和感情上体悟礼的根本，符合礼的要求。

【原文】

子曰："夷狄①之有君，不如诸夏②之亡③也。"

【注释】

①夷狄：古代中原地区的人对周边地区的贬称，谓之不开化，缺乏教养，不知书达礼。

②诸夏：古代中原地区华夏族的自称。

③亡：同无。古书中的“无”字多写作“亡”。

【译文】

孔子说：“夷狄这样文化落后的国家有君主，还不如中原诸国没有君主。”

【评析】

在孔子的思想里，有强烈的“夷夏观”，以后又逐渐形成“夷夏之防”的传统观念。在他看来，“诸夏”有礼乐文明的传统，这是好的，即使“诸夏”没有君主，也比虽有君主但没有礼乐的“夷狄”要好。这种观念是大汉族主义的源头。

【原文】

季氏旅①于泰山。子谓冉有②曰：“女③弗能救④与？”对曰：“不能。”子曰：“呜呼！曾谓泰山不如林放⑤乎？”

【注释】

①旅：祭名。祭祀山川为旅。当时，只有天子和诸侯才有祭祀名山大川的资格。

②冉有：姓冉名求，字子有，生于公元前522年，孔子的弟子，比孔子小29岁。当时是季氏的家臣，所以孔子责备他。

③女：同汝，你。

④救：挽求、劝阻的意思。这里指谏止。

⑤林放：见本篇第4章之注。

【译文】

季氏要去祭祀泰山。孔子对学生冉有说："你不能阻止他吗？"冉有回答说："不能。"孔子说："唉！难道说泰山之神还不如林放懂得礼吗？"（它怎么能享用这样的祭祀呢？）

【评析】

祭祀泰山是天子和诸侯的专权，季孙氏只是鲁国的大夫，他竟然也去祭祀泰山，所以孔子认为这是"僭礼"行径。此章仍是谈论礼的问题。

【原文】

子曰："君子无所争。必也射[①]乎！揖[②]让而升，下而饮。其争也君子。"

【注释】

①射：原意为射箭。此处指古代的射礼。

②揖：拱手行礼，表示尊敬。

【译文】

孔子说："君子遇事不争。如果有，一定像射箭一样！先揖让行礼，然后登堂较量；射箭完毕，走下堂来饮酒。这样才是君子之争啊！"

【评析】

孔子在这里所说的"君子无所争"，即使要争，也是彬彬有礼的争，这反映了孔子和儒家思想的一个重要特点，即强调谦逊礼让而鄙视无礼的、不公正的竞争，这是可取的。但过于强调谦逊礼让，以至于把它与正当的竞争对立起来，就会抑制人们积极进取、勇于开拓的精神，成为社会发展的道德阻力。

【原文】

子夏问曰："'巧笑倩兮①，美目盼兮，素以为绚兮。'何谓也？"子曰："绘事后素②。"曰："礼后乎？"子曰："起予者商也[③]！始可与言《诗》已矣。”

【注释】

①巧笑倩兮，美目盼兮，素以为绚兮：前两句见《诗经·卫风·硕人》篇。倩，笑得好看。兮，语助词，相当于“啊”。盼：眼睛黑白分明。绚，有文采。

②绘事后素：绘，画。素，白底。

③起予者商也：起，启发。予，我，孔子自指。商，子夏名商。

【译文】

子夏问道：《诗经·卫风·硕人》篇中说：“轻盈的笑脸带着酒窝，笑得多美呀。美丽的大眼睛黑白分明露着妩媚，洁白的质地上画着美丽的花纹。’这几句是什么意思？”孔子回答说：“绘画是先有洁白的质地然后进行。”子夏说：“那么礼是在仁德之后才产生的吧？”孔子说：“能发挥我思想的人就是你卜商了！现在我可以和你探讨《诗经》了。”

【评析】

子夏从孔子所讲的“绘事后素”中，领悟到仁先礼后的道理，受到孔子的称赞。就伦理学说，这里的礼指对行为起约束作用的外在形式——礼节仪式；素指行礼的内心情操。礼后于什么情操？孔子没有直说，但一般认为是后于仁的道德情操。孔子认为，外表的礼节仪式同内心的情操应是统一的，如同绘画一样，质地不洁白，不会画出丰富多彩的图案。

【原文】

子曰：“夏礼[①]，吾能言之，杞不足征也；殷礼，吾能言之，宋[③]不足征也。文献[④]不足故也。足，则吾能征之矣。”

【注释】

①杞：春秋时国名，是夏禹的后裔。在今河南杞县一带。

②徵：证明。

③宋：春秋时国名，是商汤的后裔，在今河南商丘一带。

④文献：文，指历史典籍；献，指贤人。

【译文】

孔子说：“夏朝的礼仪制度，我能说出来，它的后代杞国不足以证明；殷代的礼仪制度，我能说出来，它的后代宋国不足以证明。这是由于文献不足的缘故啊！如果文献充足，那么我就能引用作证明了。”

【评析】

这一段话表明两个问题。孔子对夏商周代的礼仪制度等非常熟悉，他希望人们都能恪守礼的规范，可惜当时僭礼的人实在太多了。其次，他认为对夏商周之礼的说明，要靠足够的历史典籍贤人来证明，也反映了他对知识的求实态度。

【原文】

子曰：“禘①自既灌②而往者，吾不欲观之矣③。”

【注释】

①禘：古代只有天子才可以举行的祭祀祖先的非常隆重的典礼。

②灌：禘礼中第一次献酒。

③吾不欲观之矣：我不愿意看了。

【译文】

孔子说：“禘祭的大典自从第一次以活人代受祭者

并献酒给他后，我就不想看了。”

【评析】

在孔子看来，一个人的等级名分，不仅活着的时候不能改变，死后也不能改变。生时是贵者、尊者，死后其亡灵也是尊者、贵者。这里，他对行禘礼的议论，反映出当时礼崩乐坏的状况，也表示了他对现状的不满。

【原文】

或问禘之说①。子曰：“不知也；知其说者之于天下也，其如示诸斯②乎！”指其掌。

【注释】

①禘之说：“说”，理论、道理、规定。禘之说，意为关于禘祭的规定。

②示诸斯：“斯”指后面的“掌”字。

【译文】

有人向孔子问禘祭的学说。孔子说：“我不知道；知道这个学说的人治理天下，就好像看这个一样容易吧！”说着指了一下自己的手掌。

【评析】

孔子认为，在鲁国的禘祭中，名分颠倒，不值得一看。所以有人问他关于禘祭的规定时，他故意说不知道。但紧接着又说，谁能懂得禘祭的道理，治天下就容易了。这就是说，谁懂得禘祭的规定，谁就可以归复紊乱的“礼”了。

【原文】

祭如在，祭神如神在。子曰：“吾不与祭，如不祭。”

【译文】

祭祀祖先时，就好像祖先真的在那里，祭祀神时，就好像神真的在那里。孔子说：“我不参加祭祀，就好像没有祭祀一样。”

【评析】

孔子并不过多提及鬼神之事，如他说：“敬鬼神而远之。”所以，这一章他说祭祖先、祭鬼神，就好像祖先、鬼神真在面前一样，并非认为鬼神真的存在，而是强调参加祭祀的人，应当在内心有虔诚的情感。这样看来，孔子主张进行的祭祀活动主要是道德的而不是宗教的。

【原文】

王孙贾[1]问曰："与其媚[2]于奥[3]，宁媚于灶[4]，何谓也？"子曰："不然；获罪于天[5]，无所祷也。"

【注释】

①王孙贾：卫灵公的大臣，时任大夫。

②媚：谄媚、巴结、奉承。

③奥：这里指屋内位居西南角的神。

④灶：这里指灶旁管烹饪做饭的神。

⑤天：以天喻君，一说天即理。

【译文】

卫灵公的大臣王孙贾问孔子说："俗话说'与其讨好于房屋西南角的神，宁可讨好灶神'，这句话是什么意思？"孔子说："不能这样；如果得罪于天，什么样的祈祷都没用了。"

【评析】

从表面上看，孔子似乎回答了王孙贾的有关拜神的问题，实际上讲出了一个深奥的道理。这就是：地方上的官员如灶神，他直接管理百姓的生产与生活，但在内廷的官员与君主往来密切，是得罪不得的。

【原文】

子曰："周监①于二代②，郁郁③乎文哉！吾从周。"

【注释】

①监：同鉴，借鉴的意思。

②二代：这里指夏代和周代。

③郁郁：文采盛貌。丰富、浓郁之意。

【译文】

孔子说："周朝的礼仪制度是借鉴了夏、商二代的礼仪制度而建立起来的，多么有文采呀！我遵从周朝的。"

【评析】

孔子对夏商周的礼仪制度等有深入研究，他认为，历史是不能割断的，后一个王朝对前一个王朝必然有承继，有沿袭。遵从周礼，这是孔子的基本态度，但这不是绝对的。在前面的篇章里，孔子就提出对夏、商、周的礼仪制度都应有所损益。

【原文】

子入太庙[①]，每事问。或曰："孰谓鄹[②]人之子知礼乎？入太庙，每事问。"子闻之，曰："是礼也。"

【注释】

①太庙：君主的祖庙。鲁国太庙，即周公旦的庙，供鲁国祭祀周公。

②鄹：春秋时鲁国地名，又写作"陬"，在今山东曲阜附近。"鄹人之子"指孔子。

【译文】

孔子到太庙里去，每件事情都要问一问。有的人说："谁说鄹大夫（孔子的父亲叔梁纥）的这个儿子懂得礼仪呀？到太庙里来，每件事情都要发问。"孔子听到了这话，说："这正是懂得礼仪的表现呀！"

【评析】

孔子对周礼十分熟悉。他来到祭祀周公的太庙里却每件事都要问别人。所以，有人就对他是否真的懂礼表示怀疑。这一段说明孔子并不以“礼”学专家自居，而是虚心向人请教的品格，同时也说明孔子对周礼的恭敬态度。

【原文】

子曰：“射不主皮[①]，为力不同科[②]，古之道也。”

【注释】

①皮：皮，用善皮做成的箭靶子。

②科：等级。

【译文】

孔子说：“射箭，不一定都射穿箭靶子，因为每个人的力量大小不同，这是自古以来的规矩呀。”

【评析】

“射”是周代贵族经常举行的一种礼节仪式，属于周礼的内容之一。孔子在这里所讲的射箭，只不过是一种比喻，意思是说，只要肯学习有关礼的规定，不管学到什么程度，都是值得肯定的。

【原文】

子贡欲去告朔[①]之饩羊[②]。子曰：“赐呀！尔爱[③]其羊，我爱其礼。”

【注释】

①告朔：朔，农历每月初一为朔日。告朔，古代制度，天子每年秋冬之际，把第二年的历书颁发给诸侯，告知每个月的初一日。

②饩羊：饩，。饩羊，祭祀用的活羊。

③爱：爱惜的意思。

【译文】

子贡要把鲁国每月初一举行告祭祖庙的那只活羊去掉不用了。孔子说：“赐呀！你爱惜那只羊，我爱惜那种礼制。”

【评析】

按照周礼的规定，周天子每年秋冬之际，就把第二年的历书颁给诸侯，诸侯把历书放在祖庙里，并按照历书规定每月初一日来到祖庙，杀一只活羊祭庙，表示每月听政的开始。当时，鲁国君主已不亲自去“告朔”，“告朔”已经成为形式。所以，子贡提出去掉“饩羊”。对此，孔子大为不满，对子贡加以指责，表明了孔子维护礼制的立场。

【原文】

子曰："事君尽礼，人以为谄也。"

【译文】

孔子说："事奉君主要尽到礼节，可别人却以为是谄媚。"

【评析】

按照周礼的规定，周天子每年秋冬之际，就把第二年的历书颁给诸侯，诸侯把历书放在祖庙里，并按照历书规定每月初一日来到祖庙，杀一只活羊祭庙，表示每月听政的开始。当时，鲁国君主已不亲自去"告朔"，"告朔"已经成为形式。所以，子贡提出去掉"饩羊"。对此，孔子大为不满，对子贡加以指责，表明了孔子维护礼制的立场。

【原文】

定公[①]问："君使臣，臣事君，如之何？"孔子对曰："君使臣以礼，臣事君以忠。"

【注释】

①定公：鲁国国君，姓姬名宋，定是谥号。公元前509—前495年在位。

【译文】

鲁定公问道："君主使用臣下，臣下侍奉君主，各应该怎么样呢？"孔子回答说："君主使用臣子要依照礼的规则，臣下事奉君主要忠心尽力。"

【评析】

"君使臣以礼，臣事君以忠"，这是孔子君臣之礼的主要内容。只要做到这一点，君臣之间就会和谐相处。从本章的语言环境来看，孔子还是侧重于对君的要求，强调君应依礼待臣，还不似后来那样：即使君主无礼，臣下也应尽忠，以至于发展到不问是非的愚忠。

【原文】

子曰："《关雎》①，乐而不淫，哀而不伤。"

【注释】

①《关雎》：这是《诗经》的第一篇。此篇写一君子“追求”淑女，思念时辗转反侧，寤寐思之的忧思，以及结婚时钟鼓乐之琴瑟友之的欢乐。

【译文】

孔子说：“《诗经·关雎》描写爱情，快乐而不淫荡，哀婉而不悲伤。”

【评析】

孔子对《关雎》一诗的这个评价，体现了他的“思无邪”的艺术观。《关雎》是写男女爱情、祝贺婚礼的诗，与“思无邪”本不相干，但孔子却从中认识到“乐而不淫、哀而不伤”的中庸思想，认为无论哀与乐都不可过分，有其可贵的价值。

【原文】

哀公问社[①]于宰我。宰我[②]对曰：“夏后氏以松，殷人以柏，周人以栗，曰，使民战栗[③]。”子闻之，曰：“成事不说，遂事不谏，既往不咎。”

【注释】

①社：土地神，祭祀土神的庙也称社。

②宰我：名予，字子我，孔子的学生。

③战栗：恐惧，发抖。

【译文】

鲁哀公向孔子的学生宰我询问供奉土地神用什么木料做神主。宰我回答说：“夏代用松木，殷代用柏木，周代用栗木，意思是说使百姓战栗。”孔子听说了这件事，说：“已经做了的事就不要议论了，已经完成了的事不要谏阻了，已经过去的事就不要追究了。”

【评析】

古时立国都要建立祭土神的庙，选用宜于当地生长的树木做土地神的牌位。宰我回答鲁哀公说，周朝用栗木做社主是为了“使民战栗”，孔子就不高兴了，因为宰我在这里讥讽了周天子，所以说了这一段话。

【原文】

子曰：“管仲[1]之器小哉？”或曰：“管仲俭乎？”曰：“管

氏有三归[②]，官事不摄[③]，焉得俭？”“然则管仲知礼乎？”曰：“邦君树塞门，管氏亦树塞门[④]。邦君为两君之好，有反坫[⑤]，管氏亦有反坫。管氏而知礼，孰不知礼？”

【注释】

①管仲：姓管名夷吾，齐国人，春秋时期的法家先驱。齐桓公的宰相，辅助齐桓公成为诸侯的霸主，公元前645年死。

②三归：相传是三处藏钱币的府库。

③摄：兼任。

④树塞门：树，树立。塞门，在大门口筑的一道短墙，以别内外，相当于屏风、照壁等。

⑤反坫：坫，。古代君主招待别国国君时，放置献过酒的空杯子的土台。

【译文】

孔子说：“管仲的器量狭小呀！”有人问道：“管仲节俭吗？”孔子说：“管仲娶有三妇，他手下办事的官员从不兼职，怎么能说节俭呢？”有人问道：“那么管仲懂得礼的规则吗？”孔子说：“国君门前立了塞门，管仲也立了塞门。国君设宴招待邻国之君，修建坫台放置酒杯，管仲也修筑了坫台放置酒杯。如果说管仲懂得礼的规则，那么谁不懂得礼的规则呢？”

【评析】

在《论语》中，孔子对管子曾有数处评价。这里，孔子指出管仲一不节俭，二不知礼，对他的所作所为进行批评，出发点也是儒家一贯倡导的“节俭”和“礼制”。在另外的篇章里，孔子也有对管仲的肯定性评价。

【原文】

子语[①]鲁大师[②]乐，曰：“乐其可知也；始作，翕[③]如也；从[④]之，纯[⑤]如也，皦[⑥]如也，绎[⑦]如也，以成。

【注释】

①语：告诉，动词用法。

②大师：大，。大师是乐官名。

③翕：。意为合、聚、协调。

④从：意为放纵、展开。

⑤纯：美好、和谐。

⑥皦：音节分明。

⑦绎：连续不断。

【译文】

孔子告诉鲁国的太师关于音乐演奏的问题。孔子说："音乐是可以掌握的；开始演奏时，翕翕然和谐；放开继续演奏，音调纯正，然分明清晰，抑扬不断，这样，一部乐章就完成了。"

【评析】

孔子对学生的教育内容极为丰富和全面，乐理就是其中之一。这一章反映了孔子的音乐思想和音乐欣赏水平。

【原文】

仪封人[①]请见，曰："君子之至于斯也，吾未尝不得见也。"从者见之[②]。出曰："二三子何患于丧[③]乎？天下之无道也久矣，天将以夫子为木铎[④]。"

【注释】

①仪封人：仪为地名，在今河南兰考县境内。封人，系镇守边疆的官。

②从者见之：随行的人见了他。

③丧：失去，这里指失去官职。

④木铎：木舌的铜铃。古代天子发布政令时摇它以召集听众。

【译文】

仪地守边的官吏请求见孔子，他说："到这个地方来的有道德修养的人，我没有不和他见面的。"孔子的随行学生请求见他。他出来以后说："你们这些人何必担心他没有职位呢？天下无道已经很久了，上天将要用夫子来唤醒百姓。"

【评析】

孔子在他所处的那个时代，已经是十分有影响的人，尤其是在礼制方面，信服孔子的人很多，仪封人便是其中之一。他在见孔子之后，就认为上天将以孔夫子为圣人号令天下，可见对孔子是佩服至极了。

【原文】

子谓《韶》①，尽美②矣，又尽善③也。"谓《武》④，"尽美矣，未尽善也。"

【注释】

①韶：相传是古代歌颂虞舜的一种乐舞。

②美：指乐曲的音调、舞蹈的形式而言。

③善：指乐舞的思想内容而言的。

④武：相传是歌颂周武王的一种乐舞。

【译文】

孔子谈到《韶》乐，说："是完美的，又是完善的。"谈到《武》乐，说："是完美的，但是不完善。"

【评析】

孔子在这里谈到对艺术的评价问题。他很重视艺术的形式美，更注意艺术内容的善。这是有明显政治标准的，不单是娱乐问题。

【原文】

子曰："居上不宽，为礼不敬，临丧不哀，吾何以观之哉？"

【译文】

孔子说："居于统治地位却不能宽宏大量，行礼却不能恭敬，参加丧礼却不悲哀，我怎么可以看得下去这样的人呢？”

【评析】

孔子主张实行“德治”“礼治”，这首先提出了对当政者的道德要求。倘为官执政者做不到“礼”所要求的那样，自身的道德修养不够，那这个国家就无法得到治理。当时社会上礼崩乐坏的局面，已经使孔子感到不能容忍了。

里仁篇第四

《里仁》篇包括26章，主要内容涉及义与利的关系问题、个人的道德修养问题、孝敬父母的问题以及君子与小人的区别。这一篇包括了儒家的若干重要范畴、原则和理论，对后世都产生过较大影响。

【原文】

子曰：“里仁为美①。择不处②仁，焉得知③？”

【注释】

①里仁为美：里，住处，借作动词用。住在有仁者的地方才好。

②处：居住。

③知：同智。

【译文】

孔子说：“居住的地方有仁德才好。选择住处没有仁德，怎么能算是明智的呢？”

【评析】

每个人的道德修养既是个人自身的事，又必然与所处的外界环境有关。重视居住的环境，重视对朋友的选择，这是儒家一贯注重的问题。近朱者赤、近墨者黑，与有仁德的人住在一起，耳濡目染，都会受到仁德者的影响；反之，就不大可能养成仁的情操。

【原文】

子曰："不仁者不可以久处约[①]，不可以长处乐。仁者安仁[②]，知者利仁。"

【注释】

①约：穷困、困窘。

②安仁、利仁：安仁是安于仁道；利仁，认为仁有利自己才去行仁。

【译文】

孔子说："不仁的人不可能长久地处于贫困中，不可能长久地处于安乐中。仁德的人安于仁，聪慧的人利用仁。"

【评析】

在这章中，孔子认为，没有仁德的人不可能长久地处在贫困或安乐之中，否则，他们就会为非作乱或者骄奢淫逸。只有仁者安于仁，智者也会行仁。这种思想是希望人们注意个人的道德操守，在任何环境下都做到矢志不移，保持气节。

【原文】

子曰："唯仁者能好①人，能恶②人。"

【注释】

①好：喜爱的意思。作动词。

②恶：憎恶、讨厌。作动词。

【译文】

孔子说："只有仁德的人才能够知道喜爱什么人，厌恶什么人。"

【评析】

儒家在讲"仁"的时候，不仅是说要"爱人"，而且还有“恨人”一方面。当然，孔子在这里没有说到要爱什么人，恨什么人，但有爱则必然有恨，二者是相对立而存在的。只要做到了“仁”，就必然会有正确的爱和恨。

【原文】

子曰：“苟志于仁矣，无恶也。”

【译文】

孔子说：“如果立志于实行仁德，就不会有恶行。”

【评析】

这是紧接上一章而言的。只要养成了仁德，那就不会去做坏事，即不会犯上作乱、为非作恶，也不会骄奢淫逸、随心所欲。而是可以做有益于国家、有利于百姓的善事了。

【原文】

子曰：“富与贵，是人之所欲也；不以其道得之，不处也。贫与贱，是人之所恶也；不以其道得之，不去也。君子去仁，恶乎成名？君子无终食之间违仁，造次必于是，颠沛必于是。”

【译文】

孔子说："富有与尊贵，是人们所向往的；但是不用正道得到它，君子是不能接受的。贫穷与低贱，是人们所厌恶的；但是不用正道去抛弃它，君子是不能摆脱的。君子离开了仁德的准则，怎么可以成就他的名声？君子不能离开仁德，哪怕是一顿饭的工夫，在最匆忙的时候要与仁德同在，在最颠沛的时候也要与仁德同在。"

【评析】

这一段，反映了孔子的理欲观。以往的孔子研究中往往忽略了这一段内容，似乎孔子主张人们只要仁、义，不要利、欲。事实上并非如此。任何人都不会甘愿过贫穷困顿、流离失所的生活，都希望得到富贵安逸。但这必须通过正当的手段和途径去获取。否则宁守清贫而不去享受富贵。这种观念在今天仍有其不可低估的价值。这一章值得研究者们仔细推敲。

【原文】

子曰："我未见好仁者，恶不仁者。好仁者，无以尚之[①]；恶不仁者，其为仁矣，不使不仁者加乎其身。有能一日用其力于仁矣乎？我未见力不足者。盖有之矣，我未之见也。”

【译文】

孔子说：“我没有见过爱好仁德的人和厌恶不仁德的人。爱好仁德的人，那是再好不过了；厌恶不仁德的人，那他是在实行仁德，不让不仁德的东西影响自己。有谁能一天之内尽全力去实行仁德的吗？我没有见过力量不够的。大概有这样的人吧，不过我没见过。”

【评析】

孔子特别强调个人道德修养，尤其是养成仁德的情操。但当时动荡的社会中，爱好仁德的人已经不多了，所以孔子说他没有见到。但孔子认为，对仁德的修养，主要还是要靠个人自觉的努力，因为只要经过个人的努力，是完全可以达到仁的境界的。

【原文】

子曰：“人之过也，各于其党①。观过，斯知仁矣。”

【译文】

孔子说：“人们犯错误，是根源于各自不同的利益。

看一个人所犯的错误，就知道这个人是什么样的。”

【评析】

孔子认为，人之所以犯错误，从根本上讲是他没有仁德。有仁德的人往往会避免错误，没有仁德的人就无法避免错误，所以从这一点上，没有仁德的人所犯错误的性质是相似的。这从另一角度讲了加强道德修养的重要性。

【原文】

子曰：“朝闻道，夕死可矣。”

【译文】

孔子说：“早晨知道了真理，晚上死去也可以了。”

【评析】

这一段话常常被人们所引用。孔子所说的道究竟指什么，这在学术界是有争论的。我们的认识是，孔子这里所讲的“道”，系指社会、政治的最高原则和做人的最高准则，这主要是从伦理学意义上说的。

【原文】

子曰：“士志于道，而耻恶衣恶食者，未足与议也。”

【译文】

孔子说："读书人有志于真理，但是耻于穿破衣，吃粗食，不值得与他谈论真理。"

【评析】

本章和前一章讨论的都是道的问题。本章所讲"道"的含义与前章大致相同。这里，孔子认为，一个人斤斤计较个人的吃穿等生活琐事，他是不会有远大志向的，因此，根本就不必与这样的人去讨论什么道的问题。

【原文】

子曰："君子之于天下也，无适①也，无莫②也，义③之与比④。"

【注释】

①适：意为亲近、厚待。

②莫：疏远、冷淡。

③义：适宜、妥当。

④比：亲近、相近、靠近。

【译文】

孔子说："君子对于天下的事，无所谓行，无所谓不行，只要符合道义就行了。”

【评析】

这一章里孔子提出对君子要求的基本点之一：“义之与比。”有高尚人格的君子为人公正、友善，处世严肃灵活，不会厚此薄彼。本章谈论的仍是个人的道德修养问题。

【原文】

子曰：“君子怀德，小人怀①土②；君子怀刑③，小人怀惠。”

【注释】

①怀：思念。

②土：乡土。

③刑：法制惩罚。

【译文】

孔子说：“君子思念仁德，小人思念乡土；君子关心法度，小人关心恩惠。”

【评析】

本章再次提到君子与小人这两个不同类型的人格

形态，认为君子有高尚的道德，他们胸怀远大，视野开阔，考虑的是国家和社会的事情，而小人则只知道思恋乡土、小恩小惠，考虑的只有个人和家庭的生计。这是君子与小人之间的区别点之一。

【原文】

子曰："放[①]于利而行，多怨[②]。"

【注释】

①放：同仿，效法，引申为追求。

②怨：别人的怨恨。

【译文】

孔子说："依据自己的私利而行动，会招致很多怨恨。"

【评析】

本章也谈义与利的问题。他认为，作为具有高尚人格的君子，他不会总是考虑个人利益的得与失，更不会一心追求个人利益，否则，就会招致来自各方的怨恨和指责。这里仍谈先义后利的观点。

【原文】

子曰：“能以礼让为国乎？何有[①]？不能以礼让为国，如礼何[②]？”

【注释】

①何有：全意为“何难之有”，即不难的意思。

②如礼何：把礼怎么办？

【译文】

孔子说：“能够以礼让来治理国家吗？这有什么难的呢？不能够用礼让来治理国家，又怎样对待礼仪呢？”

【评析】

孔子把“礼”的原则推而广之，用于国与国之间的交往，这在古代是无可非议的。因为孔子时代的“国”乃“诸侯国”，均属中国境内的兄弟国家。然而，在近代以来，曾国藩等人仍主张对西方殖民主义国家采取“礼让为国”的原则，那就难免被指责为“卖国主义”了。

【原文】

子曰：“不患无位，患所以立。不患莫己知，求为可知也。”

【译文】

孔子说："不担心没有职位，担心没有立足的能力。不怕没有人知道自己，只要去追求别人能够了解自己的作为就行了。"

【评析】

这是孔子对自己和自己的学生经常谈论的问题，是他立身处世的基本态度。孔子并非不想成名成家，并非不想身居要职，而是希望他的学生必须首先立足于自身的学问、修养、才能的培养，具备足以胜任官职的各方面素质。这种思路是可取的。

【原文】

子曰："参乎！吾道一以贯之。"曾子曰："唯。"子出，门人问曰："何谓也？"曾子曰："夫子之道，忠恕而已矣。"

【译文】

孔子说："曾参啊，我的学说贯穿一个基本思想。"曾子说："是。"孔子出去后，别的学生问曾子说："这是什么意思？"曾子说："他老人家的学说，就是忠恕之道罢了。”

【评析】

忠恕之道是孔子思想的重要内容，待人忠恕，这是仁的基本要求，贯穿于孔子思想的各个方面。在这章中，孔子只说他的道是有一个基本思想一以贯之的，没有具体解释什么是忠恕的问题，在后面的篇章里，就回答了这个问题。对此，我们将再作剖析。

【原文】

子曰：“君子喻于义，小人喻于利。”

【译文】

孔子说：“君子懂得的是义，小人懂得的是利。”

【评析】

“君子喻于义，小人喻于利”是孔子学说中对后世影响较大的一句话，被人们传说。这就明确提出了义利问题。孔子认为，利要服从义，要重义轻利，他的义指服从等级秩序的道德，一味追求个人利益，就会犯上作乱，破坏等级秩序。所以，把追求个人利益的人视为小人。经过后代儒家的发展，这种思想就变成义与利尖锐对立、非此即彼的义利观。

【原文】

子曰：“见贤思齐焉，见不贤而内自省也。”

【译文】

孔子说：“看见贤德的人就要想着向他看齐，看见不贤德的人就要自己内心反省是否有和他一样的行为。”

【评析】

本章谈的是个人道德修养问题。这是修养方法之一，即见贤思齐，见不贤内自省。实际上这就是取别人之长补自己之短，同时又以别人的过失为鉴，不重蹈别人的旧辙，这是一种理性主义的态度，在今天仍不失其精辟之见。

【原文】

子曰：“事父母几[①]谏，见志不从，又敬不违，劳[②]而不怨。”

【注释】

①几：轻微、婉转的意思。

②劳：忧愁、烦劳的意思。

【译文】

孔子说："侍奉父母，对他们的过失要婉转轻微地劝阻；如果自己的心意不被父母赞同，仍然要恭敬父母不要违背他们，虽然操劳但不能有怨气。"

【评析】

这一段还是讲关于孝敬父母的问题。侍奉父母，这是应该的，但如果一味要求子女对父母绝对服从，百依百顺，甚至父母不听劝说时，子女仍要对他们毕恭毕敬，毫无怨言。这就成了封建专制主义，是维护封建宗法家族制度的重要纲常名教。

【原文】

子曰："父母在，不远游①，游必有方②。"

【注释】

①游：指游学、游宦、经商等外出活动。

②方：一定的地方。

【译文】

孔子说："父母在世，不要远离家门，远离就一定要有去向。"

【评析】

"父母在，不远游"是先秦儒家关于"孝"字道德的具体内容之一。历代都用这个孝字原则去约束、要求子女为其父母尽孝。这种孝的原则在今天已经失去了它的意义。

【原文】

子曰："三年无改于父之道，可谓孝矣。"

【译文】

孔子说："三年不改变父亲的志向，可以称得上孝敬了。"

【原文】

子曰："父母之年[1]，不可不知也。一则以喜，一则以惧。"

【注释】

①年：年纪、岁数。

【译文】

孔子说："父母的年纪不可以不知道。一方面因为他们年高而欣喜，一方面为他们衰老而担忧。"

【评析】

春秋末年，社会动荡不安，臣弑君、子弑父的犯上作乱之事时有发生。为了维护宗法家族制度，孔子就特别强调"孝"。所以这一章还是谈"孝"，要求子女从内心深处要孝敬自己的父母，绝对服从父母，这是要给予批评的。

【原文】

子曰："古者言之不出①，耻躬之不逮也②。"

【注释】

①出：说出口。

②躬：自己本身。逮：及、达到。

【译文】

孔子说："古代的人话不轻易说出来，怕自己的行为跟不上。"

【评析】

孔子一贯主张谨言慎行，不轻易允诺，不轻易表态，如果做不到，就会失信于人，你的威信也就降低了。所以孔子说，古人就不轻易说话，更不说随心所欲的话，因为他们以不能兑现允诺而感到耻辱。这一思想是可取的。

【原文】

子曰："以约[①]失之者鲜[②]矣。"

【注释】

①约：约束。这里指"约之以礼"。

②鲜：少的意思。

【译文】

孔子说："因为约束自己而犯过失的是很少的。"

【原文】

子曰："君子欲讷[①]于言而敏[②]于行。"

【注释】

①讷：迟钝。这里指说话要谨慎。

②敏：敏捷、快速的意思。

【译文】

孔子说："君子说话要谨慎迟钝，行动要敏捷勤快。"

【原文】

子曰："德不孤，必有邻。"

【译文】

孔子说："有德行的人不会孤单，一定会有人来亲近他。"

【原文】

子游曰："事君数[①]，斯[②]辱矣；朋友数，斯疏矣。"

【注释】

①数：屡次、多次，引申为烦琐的意思。

②斯：就。

【译文】

子游说：“对待君主劝谏过多，就会遭到侮辱；对待朋友规劝过分，就会被疏远。”

公冶长篇第五

《公冶长》篇共计28章，内容以谈论仁德为主。在本篇里，孔子和他的弟子们从各个侧面探讨仁德的特征。此外，本篇著名的句子有“朽木不可雕也。粪土之墙不可杇也”；“听其言而观其行”；“敏而好学，不耻下问”；“三思而后行”等。这些思想对后世产生过较大影响。

【原文】

子谓公冶长①：“可妻也。虽在缧②绁之中，非其罪也。”以其子③妻之。

【注释】

①公冶长：姓公冶名长，齐国人，孔子的弟子。

②缧绁：（音），捆绑犯人用的绳索，这里借指牢狱。

③子：古时无论儿、女均称子。

【译文】

孔子说公冶长：可以把女儿嫁给他做妻子。他虽然被关在监狱里，但那不是他的罪过。”于是就把自己的女儿嫁给他了。

【评析】

在这一章里，孔子对公冶长作了较高评价，但并未说明究竟公冶长做了哪些突出的事情，不过从本篇所谈的中心内容看，作为公冶长的老师，孔子对他有全面了解。孔子能把女儿嫁给他，那么公冶长至少应具备仁德。这是孔子一再向他的学生提出的要求。

【原文】

子谓南容①：“邦有道②，不废③；邦无道，免于刑戮④。”以其兄之子妻之。

【注释】

①南容：姓南宫名适字子容。孔子的学生，通称他为南容。

②道：孔子这里所讲的道，是说国家的政治符合最高的和最好的原则。

③废：废置，不任用。

④刑戮：刑罚。

【译文】

孔子说南容：“国家政治清明时，做官不被废弃；国家政治黑暗时，能免于遭受刑罚。”于是把哥哥的女儿嫁给他做妻子。

【评析】

本章里，孔子对南容也作了比较高的评价，同样也没有讲明南容究竟有哪些突出的表现。当然，他能够把自己的侄女嫁给南容，也表明南容有较好的仁德。

【原文】

子谓子贱[①]：“君子哉若人[②]！鲁无君子者，斯焉取斯[③]？”

【注释】

①子贱：姓宓名不齐，字子贱。生于公元前521年，比孔子小49岁。

②若人：这个，此人。

③斯焉取斯：斯，此。第一个“斯”指子贱，第二个“斯”字指子贱的品德。

【译文】

孔子说子贱："这个人是君子啊！假如鲁国没有君子，他从哪里取得这样好的品德呢？"

【评析】

孔子在这里称子贱为君子。这是第一个层次，但接下来说，鲁国如无君子，子贱也不可能学到君子的品德。言下之意，是说他自己就是君子，而子贱的君子之德是由他一手培养的。

【原文】

子贡问曰："赐也何如？"子曰："女，器也。"曰："何器也？"曰："瑚琏也[①]。"

【注释】

①瑚琏：古代祭祀时盛粮食用的器具。

【译文】

子贡问道："我这个人怎么样？"孔子说："你，是一种器皿。"子贡说："是什么器皿？"孔子说：

“是祭祀时才用的尊贵的瑚琏。”

【评析】

孔子把子贡比作瑚琏，肯定子贡有一定的才能，因为瑚琏是古代祭器中贵重而华美的一种。但如果与上二章联系起来分析，可见孔子看不起子贡，认为他还没有达到“君子之器”那样的程度，仅有某一方面的才干。

【原文】

或曰：“雍[①]也仁而不佞[②]。”子曰：“焉用佞？御人以口给[③]，屡憎于人。不知其仁[④]，焉用佞？”

【注释】

①雍：姓冉名雍，字仲弓，生于公元前522年，孔子的学生。

②佞：能言善辩，有口才。

③口给：言语便捷、嘴快话多。

④不知其仁：指有口才者有仁与否不可知。

【译文】

有人说：“冉雍这个人有仁德却缺乏口才。”孔子说："为什么要有口才呢？强词夺理与人辩论，常常会遭到人痛恨。我不知道冉雍是否真的仁德，哪里用得上口才呢？"

【评析】

孔子针对有人对冉雍的评论，提出自己的看法。他认为人只要有仁德就足够了，根本不需要能言善辩，伶牙俐齿，这两者在孔子观念中是对立的。善说的人肯定没有仁德，而有仁德者则不必有辩才。要以德服人，不以嘴服人。

【原文】

子使漆彫开[1]仕。对曰："吾斯之未能信。"子说[2]。

【注释】

①漆雕开：姓漆雕名开，字子开，一说字子若，生于公元前540年，孔子的门徒。

②说："同"悦"。

【译文】

孔子叫他的学生漆彫开去做官。漆彫开对孔子说："我对这个没有兴趣。"孔子听了很高兴。

【评析】

孔子的教育方针是“学而优则仕”，学到知识，就要去做官，他经常向学生灌输读书做官的思想，鼓励和推荐他们去做官。孔子让他的学生漆雕开去做官，但漆雕开感到尚未达到“学而优”的程度，急于做官还没有把握，他想继续学礼，晚点去做官，所以孔子很高兴。

【原文】

子曰：“道不行，乘桴浮①于海。从②我者，其由与？”子路闻之喜。子曰：“由也好勇过我，无所取材。”

【注释】

①桴：用来过河的木筏子。

②从：跟随、随从。

【译文】

孔子说：“礼乐之道如果不能推行，我就乘竹筏漂浮到海外去。跟从我的人，就只有仲由了吧？”子路听了很高兴。孔子又说：“仲由好勇超过了我，这就没什么可取的了。”

【评析】

孔子在当时的历史背景下，极力推行他的礼制、德政主张。但他也担心自己的主张行不通，打算适当的时候乘筏到海外去。他认为子路有勇，可以跟随他一同前去，但同时又指出子路的不足乃在于仅有勇而已。

【原文】

孟武伯问："子路仁乎？"子曰："不知也。"又问。子曰："由也，千乘之国，可使治其赋[①]也，不知其仁也。""求也何如？"子曰："求也，千室之邑[②]，百乘之家[③]，可使为之宰[④]也，不知其仁也。""赤[⑤]也何如？"子曰："赤也，束带立于朝[⑥]，可使与宾客[⑦]言也，不知其仁也。"

【注释】

①赋：兵赋，向居民征收的军事费用。

②千室之邑，邑是古代居民的聚居点，大致相当于后来城镇。有一千户人家的大邑。

③百乘之家：指卿大夫的采地，当时大夫有车百乘，是采地中的较大者。

④宰：家臣、总管。

⑤赤：姓公西名赤，字子华，生于公元前509年，孔子的学生。

⑥束带立于朝：指穿着礼服立于朝廷。

⑦宾客：指一般客人和来宾。

【译文】

孟武伯问孔子："子路真的仁德吗？"孔子说："我不知道。"孟武伯又问。孔子说："仲由啊，如果有一千辆兵车的国家，可以让他管理兵役的事，不知道他是否仁德。"孟武伯又问："冉求怎么样呢？"孔子说："冉求啊，在拥有千户人家的城镇里，在有百辆兵车的封地里，他可以做总管。我不知道他是否有仁德。"孟武伯又问："公西赤又怎么样呢？"孔子说："公西赤啊，穿上官服，立在朝廷之中，可以让他接待宾客，和他们交谈。我不知道他是否仁德。"

【评析】

在这段文字中，孔子对自己的三个学生进行评价，其评价标准就是"仁"。他说，他们有的可以管理军事，有的可以管理内政，有的可以办理外交。在孔子看来，他们虽然各有自己的专长，但所有这些专长都必须服务于礼制、德治的政治需要，必须以具备仁德情操为前提。实际上，他把“仁”放在更高的地位。

【原文】

子谓子贡曰：“女与回也孰愈[①]？”对曰：“赐也何敢望回？回也闻一以知十[②]，赐也闻一以知二[③]。”子曰：“弗如也；吾与[④]女，弗如也。”

【注释】

①愈：胜过、超过。

②十：指数的全体，旧注云：“一，数之数；十，数之终。”

③二：旧注云：“二者，一之对也。”

④与：赞同、同意。

【译文】

孔子对子贡说：“你和颜回谁更好呢？”子贡回答说：“我怎么敢和颜回相比？颜回听到一件事可以推知十件，我听到一件只能推知二件。”孔子说：“不如啊；我同意你的话，是不如颜回啊。”

【评析】

颜回是孔子最得意的学生之一。他勤于学习，而且肯独立思考，能做到闻一知十，推知全体，融会贯通。所以，孔子对他大加赞扬。而且，希望他的其他弟子都能像颜回那样，刻苦学习，举一反三，由此及彼，在学业上尽可能地事半功倍。

【原文】

宰予昼寝。子曰：“朽木不可雕也，粪土[①]之墙不可圬[②]也；于予与何诛[③]？”子曰：“始吾于人也，听其言而信其行；今吾于人也，听其言而观其行。于予与[④]改是。”

【注释】

①粪土：腐土、脏土。

②杇：抹墙用的抹子。这里指用抹子粉刷墙壁。

③诛：意为责备、批评。

④与：语气词。

【译文】

宰予白天睡觉。孔子说：“腐朽了的木头不能雕刻了，粪土一样的墙壁不能再粉刷了；对于宰予这样的人还责备他有什么用呢？”孔子又说：“起初我对人，听他说的话，我就相信他的行为；现在我对人，听他说的话，要考察他的行为。在宰予身上使我改变了这个态度。”

【评析】

孔子的学生宰予白天睡觉，孔子对他大加非难。这件事并不似表面所说的那么简单。结合前后篇章有关内容可以看出，宰予对孔子学说存有异端思想，所以受到孔子斥责。此外，孔子在这里还提出判断一个人的正确方法，即听其言而观其行。

【原文】

子曰：“吾未见刚者。”或对曰：“申枨[1]。”子曰：“枨也欲，焉得刚？”

【注释】

①申枨：枨。姓申名枨，字周，孔子的学生。

【译文】

孔子说：“我没有见过刚毅不屈的人。”有人回答说："申枨是这样的人。"孔子说："申枨啊欲望太强，怎么能称得上刚毅不屈呢？"

【评析】

孔子向来认为，一个人的欲望多了，他就会违背周礼。从这一章来看，人的欲望过多不仅做不到"义"，甚至也做不到"刚"。孔子不普遍地反对人们的欲望，但如果想成为有崇高理想的君子，那就要舍弃各种欲望，一心向道。

【原文】

子贡曰："我不欲人之加诸我也①，吾亦欲无加诸人。"子曰："赐也，非尔所及也。"

【注释】

①切：诟病，说坏话。

【译文】

子贡说："我不想别人凌侮我，我也不想凌侮别人。"孔子说："子贡啊，这不是你所能做到的。"

【原文】

子贡曰："夫子之文章[1]，可得而闻也；夫子之言性[2]与天道[3]，不可得而闻也。"

【注释】

①文章：这里指孔子传授的诗书礼乐等。

②性：人性。《阳货篇》第十七中谈到性。

③天道：天命。《论语》书中孔子多处讲到天和命，但不见有孔子关于天道的言论。

【译文】

子贡说："老师的学说，我们可以听到的；老师谈论天性与天道的理论，我们是听不到的。"

【评析】

在子贡看来，孔子所讲的礼乐诗书等具体知识是有形的，只靠耳闻就可以学到了，但关于人性与天道的理论，深奥神秘，不是通过耳闻就可以学到的，必须从事内心的体验，才有可能把握得住。

【原文】

子路有闻，未之能行，唯恐有闻。

【译文】

子路听到的，还没有能够去实行，只怕又听到新的事情。

【原文】

子贡问曰："孔文子[①]何以谓之'文'也[①]？"子曰："敏[②]而好学，不耻下问，是以谓之'文'也。"

【注释】

①孔文子：卫国大夫孔圉"文"是谥号，"子"是尊称。

②敏：敏捷、勤勉。

【译文】

子贡问道：卫国的大夫孔文子为什么称他的谥号为'文'呢？"孔子说："他聪敏而又虚心好学，不以请教别人为耻，所以才称他为'文'呀。"

【评析】

本章里，孔子在回答子贡提问时讲到“不耻下问”的问题。这是孔子治学一贯应用的方法。“敏而好学”，就是勤敏而兴趣浓厚地发愤学习。“不耻下问”，就是不仅听老师、长辈的教导，向老师、长辈求教，而且还求教于一般看来不如自己知识多的一切人，而不以这样做为可耻。孔子“不耻下问”的表现：一是就近学习自己的学生们，即边教边学，这在《论语》书中有多处记载。二是学于百姓，在他看来，群众中可以学的东西很多，这同样可从《论语》书中找到许多根据。他提倡的“不耻下问”的学习态度对后世文人学士产生了深远影响。

【原文】

子谓子产①：“有君子之道四焉：其行己也恭，其事上也敬，其养民也惠，其使民也义。”

【注释】

①子产：姓公孙名侨，字子产，郑国大夫，做过正卿，是郑穆公的孙子，为春秋时郑国的贤相。

【译文】

孔子评论郑国贤相子产说："子产有四种行为符合君子之道：自己的行为谨重，侍奉君主恭敬，对人民施以恩惠，使用人民合乎情义。"

【评析】

本章孔子讲的君子之道，就是为政之道。子产在郑简公、郑定公之时执政22年。其时，于晋国当悼公、平公、昭公、顷公、定公五世，于楚国当共王、康王、郏敖、灵王、平王五世，正是两国争强、战乱不息的时候。郑国地处要冲，而周旋于这两大国之间，子产却能不低声下气，也不妄自尊大，使国家得到尊敬和安全，的确是中国古代一位杰出的政治家和外交家。孔子对子产的评价甚高，认为治国安邦就应当具有子产的这四种道德。

【原文】

子曰："晏平仲①善与人交，久而敬之②。"

【注释】

①晏平仲：齐国的贤大夫，名婴。《史记》卷

六十二有他的传。“平”是他的谥号。

②久而敬之：“之”在这里指代晏平仲。

【译文】

孔子说：“齐国大夫晏平仲善于与别人交朋友，时间越久，人们越是敬重他。”

【评析】

孔子在这里称赞齐国大夫晏婴，认为他与人为善，能够获得别人对他的尊敬，这是很不容易的。孔子这里一方面是对晏婴的称赞，另一方面则是希望他的学生，向晏婴学习，做到“善与人交”，互敬互爱，成为有道德的人。

【原文】

子曰：“臧文仲①居蔡②，山节藻棁③，何如其知也。”

【注释】

①臧文仲：姓臧孙名辰，“文”是他的谥号。因不遵守周礼，被孔子指责为“不仁”“不智”。

②蔡：国君用以占卜的大龟。蔡这个地方产龟，所

以把大龟叫作蔡。

③山节藻棁：节，柱上的斗拱。棁，房梁上的短柱。把斗拱雕成山形，在棁上绘以水草花纹。这是古时装饰天子宗庙的做法。

【译文】

孔子说："鲁国大夫臧文仲为大龟造了一间屋，屋中的柱子雕刻成山一样的形状；梁上短柱画着藻草样的花纹，这样的人怎么可以说是明智的呢？"

【评析】

臧文仲在当时被人们称为"智者"，但他对礼则并不在意。他不顾周礼的规定，竟然修建了藏龟的大屋子，装饰成天子宗庙的式样，这在孔子看来就是"越礼"之举了。所以，孔子指责他"不仁""不智"。

【原文】

子张问曰："令尹子文三仕为令尹[①]，无喜色；三已[②]之，无愠色。旧令尹之政，必以告新令尹。何如？"子曰："忠矣。"曰："仁矣乎？"曰："未知；—焉得仁？""崔子[③]弑[④]齐君[⑤]，陈文子[⑥]有马十乘，弃而违之。至于他邦，则曰："'犹吾大夫崔子也。’违之。之一邦，则又曰：“‘犹吾大夫崔子也。’违之。何如？”子曰：“清矣。”曰：“仁矣乎？”曰：“未知；—焉得仁？”

【注释】

①令尹子文：令尹，楚国的官名，相当于宰相。子文是楚国的著名宰相。

②三已：三，指多次。已，罢免。

③崔文：齐国大夫崔杼曾杀死齐庄公，在当时引起极大反应。

④弑：地位在下的人杀了地位在上的人。

⑤齐君：即指被崔杼所杀的齐庄公。

⑥陈文子：陈国的大夫，名须无。

【译文】

子张问道：“楚国的令尹子文三次做令尹这样的官，没有欢喜，三次被罢官，也没有怨气。自己做令尹所制定的政令，都全部告诉给新令尹。这个人怎么样呢？”孔子说：“这可谓忠于国家了。”子张又问：“算得上仁德吗？”“不知道他想什么；怎么能说他是仁德的呢？”子张又问道：“齐国大夫崔杼杀了齐庄公，齐国的大夫陈文子有马四十匹，舍弃不要，离开了齐国。到了别的国家，就说：“‘这里的人和我国的崔大夫一样啊。’便离开了。到了另一个国家，又说：‘这里的人好像我国的崔大夫啊。’就又离开了。这个人怎么样呢？”孔子说：“他清白得很呀。”子张又问：“他仁德吗？”孔子说：“不知道；怎么能说是仁德呢？”

【评析】

孔子认为，令尹子文和陈文子，一个忠于君主，算是尽忠了；一个不与逆臣共事，算是清高了，但他们两人都还算不上仁。因为在孔子看来，“忠”只是仁的一个方面，“清”则是为维护礼而献身的殉道精神。所以，仅有忠和清高还是远远不够的。

【原文】

季文子①三思而后行。子闻之，曰：“再，斯②可矣。”

【注释】

①季文子：即季孙行父，鲁成公、鲁襄公时任正卿，“文”是他的谥号。

②斯：就。

【译文】

季文子每做什么事情之前都要反复考虑。孔子听到了，说："想两次就可以了。"

【评析】

凡事三思，一般总是利多弊少，为什么孔子听说以后，并不同意季文子的这种做法呢？有人说："文子生平盖祸福利害之计太明，故其美恶两不相掩，皆三思之病也。其思之至三者，特以世故太深，过为谨慎；然其流弊将至利害徇一己之私矣。"（宦懋庸：《论语稽》）当时季文子做事过于谨慎，顾虑太多，所以就会发生各种弊病。从某个角度看，孔子的话也不无道理。

【原文】

子曰："宁武子[①]，邦有道，则知；邦无道，则愚[②]。其知可及也，其愚不可及也。"

【注释】

①宁武子：姓宁名俞，卫国大夫，"武"是他的谥号。

②愚：这里是装傻的意思。

【译文】

孔子说："宁武子，在国家政治清明时，就聪明；在国家政治混乱时，就愚笨。他的聪明是人们所能做到的，他的愚笨别人却很难做到。"

【评析】

宁武子是一个处世为官有方的大夫。当形势好转，对他有利时，他就充分发挥自己的聪明智慧，为卫国的政治竭力尽忠。当形势恶化，对他不利时，他就退居幕后或处处装傻，以便等待时机。孔子对宁武子的这种做法，基本取赞许的态度。

【原文】

子在陈[①]，曰："归与！归与！吾党之小子[②]狂简[③]，斐然[④]成章，不知所以裁[⑤]之。"

【注释】

①陈：古国名，大约在今河南东部和安徽北部一带。

②吾党之小子：古代以500家一为党。吾党意即我的

故乡。小子，指孔子在鲁国的学生。

③狂简：志向远大但行为粗率简单。

④斐然：斐，有文采的样子。

⑤裁：裁剪，节制。

【译文】

孔子在陈国时，说："回去吧！回去吧！我的那些学生都狂傲自大，写文章文辞华美，我不知道该怎么指教他们。"

【评析】

孔子说这段话时，正当鲁国季康子执政，欲召冉求回去，协助办理政务。所以，孔子说回去吧，去为官从政，实现他们的抱负。但同时又指出他在鲁国的学生尚存在的问题：行为粗率简单，还不知道怎样节制自己，这些还有待于他的教养。

【原文】

子曰："伯夷①、叔齐不念旧恶②，怨是用希③。"

【注释】

①伯夷、叔齐：殷朝末年孤竹君的两个儿子。父

亲死后，二人互相让位，都逃到周文王那里。周武王起兵伐纣，他们认为这是以臣弑君，是不忠不孝的行为，曾加以拦阻。周灭商统一天下后，他们以吃周朝的粮食为耻，逃进深山中以野草充饥，饿死在首阳山中。

②恶：仇恨。

③希：同稀。

【译文】

孔子说：“伯夷、叔齐两人不记旧怨，所以怨恨他们的人很少。”

【评析】

这一章里，孔子主要称赞的是伯夷叔齐的“不念旧恶”。伯夷、叔齐认为周武王伐纣是“以暴易暴”，既反对周武王，又反对殷纣王，但为了维护君臣之礼，他还是阻拦武王伐纣，最后因不食周粟，而饿死在首阳山上。孔子则从伯夷、叔齐不记别人旧怨的角度，对他们加以称赞，因此别人也就不记他们的旧怨了。孔子用这样一个故事讲述了为人处世应有的态度。

【原文】

子曰："孰谓微生高[①]直？或乞醯[②]焉，乞诸其邻而与之？"

【注释】

①微生高：姓微生名高，鲁国人。当时人认为他为直率。

②醯：即醋。

【译文】

孔子说："谁说微生高这个人直爽？有人向他要一点醋，他却向邻居家要了一点给那人。"

【评析】

微生高从邻居家讨醋给来讨醋的人，并不直说自己没有，对此，孔子认为他并不直率。但在另外的篇章里孔子却提出"父为子隐，子为父隐"，而且加以提倡，这在他看来，就不是什么"不直"了。对于这种"不直"，孔子只能用父慈子孝来加以解释了。

【原文】

子曰："巧言、令色、足恭[①]，左丘明[②]耻之，丘亦耻之。匿怨而友其人，左丘明耻之，丘亦耻之。”

【注释】

①足恭：一说是两只脚做出恭敬逢迎的姿态来讨好别人；另一说是过分恭敬。这里采用后说。

②左丘明：姓左丘名明，鲁国人，相传是《左传》一书的作者。

【译文】

孔子说：“花言巧语、装模作样、奴颜婢骨，左丘明认为可耻，孔丘也认为可耻。心里藏着怨恨，表面却与人交朋友，左丘明认为可耻，孔丘也认为可耻。”

【评析】

孔子反感“巧言令色”的做法，这在《学而》篇中已经提及。他提倡人们正直、坦率、诚实，不要口是心非、表里不一。这符合孔子培养健康人格的基本要求。这种思想在我们今天仍有一定的意义，对那些人前一套、人后一套的人，有很强的针对性。

【原文】

颜渊季路侍①。子曰：“盍各言尔志？”子路曰：“愿车马，衣轻裘，与朋友共。敝之而无憾。”颜渊曰：“愿无伐善，无施劳。”子路曰：“愿闻子之志。”子曰：“老者安之，朋友信之，少者怀之⑤。”

【注释】

①侍：服侍，站在旁边陪着尊贵者叫侍。

②盍：何不。

③伐：夸耀。

④施劳：施，表白。劳，功劳。

⑤少者怀之：让少者得到关怀。

【译文】

颜渊、季路站在孔子身旁。孔子说：“你们为什么不谈一谈自己的志向呢？”子路说：“我愿把我的车马，好的衣服，都拿出来和朋友一起使用。即使坏了也没什么憾恨。”颜渊说：“我愿意不夸饰自己的长处，不宣扬自己的功劳。”子路问孔子说：“我们想听听老师的志向。”孔子说：“我愿意使老人生活得安逸，让朋友信任，让年少的人怀念。”

【评析】

在这一章里，孔子及其弟子们自述志向，主要谈的还是个人道德修养及人为处世的态度。孔子重视培养“仁”的道德情操，从各方面严格要求自己和学生。从本段里，可以看出，只有孔子的志向最接近于“仁德”。

【原文】

子曰：“已矣乎，吾未见能见其过而内自讼者也。”

【译文】

孔子说：“算了吧！我没见过能发现自己的过失并且在心里自我批评的人啊！”

【评析】

古往今来，人们往往能够一眼看到别人的错误与缺点，却看不到自己的错误。即使有人明知自己有错，也因顾及面子或其他原因而拒绝承认错误，更谈不上从内心去责备自己了。甚至有的人，自己犯了错误，不去认真检查自己，反而把责任推到别人头上，这是一种十足的伪君子。孔子说他没有见过有自知之明、有错即改的人。其实，在现实社会生活当中，我们见到的伪君子这种人还少吗？

【原文】

子曰："十室之邑，必有忠信如丘者焉，不如丘之好学也。"

【译文】

孔子说："在有十户人家的小城中，就一定会有像我这样讲究忠信的人，只是不会像我这样好学罢了。"

【评析】

孔子是一个十分坦率直爽的人，他认为自己的忠信并不是最突出的，因为在只有10户人家的小村子里，就有像他那样讲求忠信的人。但他坦言自己非常好学，表明他承认自己的德行和才能都是学来的，并不是"生而知之。"这就从一个角度了解了孔子的基本精神。

雍也篇第六

《雍也》篇共包括30章。其中著名文句有："贤哉回也，一箪食，一瓢饮，在陋巷"；"质胜文则野，文胜质则史，文质彬彬，然后君子"；"知之者不如好之者，好之者不如乐之者"；"敬鬼神而远之"；"己欲立而立人，己欲达而达人。"本篇里有数章谈到颜回，孔子对他的评价甚高。此外，本篇还涉及"中庸之道""恕"的学说、"文质"思想，同时，还包括如何培养"仁德"的一些主张。

【原文】

子曰："雍也可使南面。"

【译文】

孔子说："冉雍这个人可以让他担任一个地方的长官。"

【评析】

古代以面向南为尊位，天子、诸侯和官员听政都是面向南面而坐。所以这里孔子是说可以让冉雍去从政做官治理国家。在《先进》篇里，孔子将冉雍列在他的第一等学科“德行”之内，认为他已经具备为官的基本条件。这是孔子实行他的“学而优则仕”这一教育方针的典型事例。

【原文】

仲弓问子桑伯子①。子曰：“可也简②。”仲弓曰：“居敬③而行简④，以临⑤其民，不亦可乎？居简而行简，无乃⑥大⑦简乎？”子曰：“雍之言然。”

【注释】

①桑伯子：人名，此人生平不可考。

②简：简要，不烦琐。

③居敬：为人严肃认真，依礼严格要求自己。

④行简：指推行政事简而不繁。

⑤临：面临、面对。此处有“治理”的意思。

⑥无乃：岂不是。

⑦大：同“太”。

【译文】

仲弓问子桑伯子这个人怎么样。孔子说：“他很简单。”仲弓说：“居心严肃慎重而行为简约，这样来面对百姓，不是可以吗？如果是居心简约而行为也简约，那不是太简单了吗？”孔子说：“冉雍说的正是这样。”

【评析】

孔子方张办事简明扼要，不烦琐，不拖拉，果断利落。不过，任何事情都不可太过分。如果在办事时，一味追求简要，却马马虎虎，就有些不够妥当了。所以，孔子听完仲弓的话以后，认为仲弓说得很有道理。

【原文】

哀公问：“弟子孰为好学？”孔子对曰：“有颜回者好学，不迁怒①，不贰过②。不幸短命死矣③，今也则亡④，未闻好学者也。”

【注释】

①不迁怒：不把对此人的怒气发泄到彼人身上。

②不贰过：“贰”是重复、一再的意思。这是说不犯同样的错误。

③短命死矣：颜回死时年仅31岁。

④亡：同“无”。

【译文】

鲁哀公问孔子："你的弟子中谁是好学的呢？"孔子回答说："有一个叫颜回的人好学，他不迁怒于别人，也不再犯同样的错误，不幸他短命已经死了，现在再也找不到这样的人了，没听说再有好学的人了。"

【评析】

这里，孔子极为称赞他的得意门生颜回，认为他好学上进，自颜回死后，已经没有如此好学的人了。在孔子对颜回的评价中，他特别谈到不迁怒、不贰过这两点，也从中可以看出孔子教育学生，重在培养他们的道德情操。这其中包含有深刻的哲理。

【原文】

子华①使于齐，冉子②为其母请粟③。子曰："与之釜④。"请益。曰："与之庾⑤。"冉子与之粟五秉。子曰："赤之适齐也，乘肥马，衣轻裘。吾闻之也：'君子周⑥急不继富。'"

【注释】

①子华：姓公西名赤，字子华，孔子的学生，比孔

子小42岁。

②冉子：冉有，在《论语》书中被孔子弟子称为“子”的只有四五个人，冉有即其中之一。

③粟：在古文中，粟与米连用时，粟指带壳的谷粒，去壳以后叫作米；粟字单用时，就是指米了。

④釜：古代量名，一釜约等于六斗四升。

⑤庾：古代量名，一庾等于二斗四升。

⑥周：周济、救济。

【译文】

公西华到齐国去做使者，冉有替他母亲向孔子请求一些粮食。孔子说：“给他一釜（六斗四升）吧。”冉有请求增加一点。孔子说：“给他一庾（十六斗）吧。”冉有给了五秉（八十斛）的粮食。孔子说：“公西赤到齐国去，骑着膘肥的马，穿着轻暖的皮裘，我听说：‘君子只救济贫困的人而不周济富裕的人。’”

【评析】

孔子主张“君子周急不济富”，这是从儒家“仁爱”思想出发的。孔子的“爱人”学说，并不是狭隘的爱自己的家人和朋友，而带有一定的普遍性。但他又认为，周济的只是穷人而不是富人，应当“雪中送炭”，而不是“锦上添花”。这种思想符合于人道主义。

【原文】

原思[①]为之宰[②]，与之粟九百[③]，辞。子曰：“毋！以与尔邻里乡党[④]乎！”

【注释】

①原思：姓原名宪，字子思，鲁国人。孔子的学生，生于公元前515年。孔子在鲁国任司法官的时候，原思曾做他家的总管。

②宰：家宰，管家。

③九百：没有说明单位是什么。

④邻里乡党：相传古代以五家为邻，25家为里，12500家为乡，500家为党。此处指原思的同乡，或家乡周围的百姓。

【译文】

原思任孔子的管家，孔子给他九百粮食的酬劳，他不要。孔子说：“别推辞，把多余的送给你乡里的穷人吧！”

【评析】

以“仁爱”之心待人，这是儒家的传统。孔子提倡周济贫困者，是极富同情心的做法。这与上一章的内容可以联系起来思考。

【原文】

子谓仲弓，曰：“犁牛①之子骍且角②，虽欲勿用③，山川④其舍诸⑤？”

【注释】

①犁牛：即耕牛。古代祭祀用的牛不能以耕农代替，系红毛长角，单独饲养的。

②骍且角：骍：红色。祭祀用的牛，毛色为红，角长得端正。

③用：用于祭祀。

④山川：山川之神。此喻上层统治者。

⑤其舍诸：其，有“怎么会”的意思。舍，舍弃。诸，“之于”二字的合音。

【译文】

孔子谈到仲弓，说："耕牛的牛犊毛色纯赤而且两角周正，即使不想用它来作祭祀用，山川之神能舍弃它吗？"

【评析】

孔子认为，人的出身并不是最重要的，重要的在于自己应有高尚的道德和突出的才干。只要具备了这样的条件，就会受到重用。这从另一方面也说明，作为统治者来讲，选拔重用人才，不能只看出身而抛弃贤才，反映了举贤才的思想和反对任人唯亲的主张。

【原文】

子曰："回也，其心三月①不违仁，其余则日月②至焉而已矣。"

【注释】

①三月：指较长的时间。

②日月：指较短的时间。

【译文】

孔子说："颜回呀，他的心三个月可以不违背仁德的原则，别人则只能一天或一个月罢了。”

【评析】

颜回是孔子的得意门生，他对孔子以“仁”为核心的思想有深入的理解，而且将“仁”贯穿于自己的行动与言论当中。所以，孔子赞扬他“三月不违仁”，而别的学生“则日月至焉而已。”

【原文】

季康子[①]问：“仲由可使从政也与？”子曰：“由也果[②]，于从政乎何有？”曰：“赐也可使从政也与？”曰：“赐也达[③]，于从政乎何有？”曰：“求也可使从政也与？”曰：“求也艺[④]，于从政乎何有？”

【注释】

①季康子：他在公元前492年继其父为鲁国正卿，此时孔子正在各地游说。8年以后，孔子返回鲁国，冉求正在帮助季康子推行革新措施。孔子于是对此三人做出了评价。

②果：果断、决断。

③达：通达、顺畅。

④艺：有才能技艺。

【译文】

季康子问：“仲由这个人可以让他治理政事吗？”孔子说：“仲由啊办事果断，让他治理政事有什么难的呢？”季康子又问：“端木赐这个人可以让他治理政事吗？”孔子回答说：“端木赐啊通达事理，让他治理政事有什么难的呢？”季康子又问：“冉求也可以让他治理政事吗？”孔子说：“冉求啊很有才干，让他治理政事有什么难的呢？”

【评析】

端木赐、仲由和冉求都是孔子的学生，他们在从事国务活动和行政事务方面，都各有其特长。孔子所培养的人才，就是要能够辅佐君主或大臣从事政治活动。在本章里，孔子对他的三个学生都给予较高评价，认为他们已经具备了担任重要职务的能力。

【原文】

季氏使闵子骞[①]为费[②]宰。闵子骞曰：“善为我辞焉！如有复我[③]者，则吾必在汶上[④]矣。”

【注释】

①闵子骞：姓闵名损，字子骞，鲁国人，孔子的学生，比孔子小15岁。

②费：季氏的封邑，在今山东费县西北一带。

③复我：再来召我。

④汶上：汶，水名，即今山东大汶河，当时流经齐、鲁两国之间。在汶上，是说要离开鲁国到齐国去。

【译文】

季氏叫闵子骞任费邑的邑长。闵子骞说："好好地替我辞掉了吧！如果再来找我，那我一定要逃到齐国的汶水去了。"

【评析】

宋代人儒朱熹对闵子骞的这一做法极表赞赏，他说："处乱世，遇恶人当政，"刚则必取祸，柔则必取辱，"即硬碰或者屈从都要受害，又刚又柔，刚柔相济，才能应付自如，保存实力。这种态度才能处乱世而不惊，遇恶人而不辱，是极富智慧的处世哲学。

【原文】

伯牛[1]有疾，子问之，自牖[2]执其手，曰："亡之[3]，命矣夫[4]！斯人也而有斯疾也！斯人也而有斯疾也！"

【注释】

①伯牛：姓冉名耕，字伯牛，鲁国人，孔子的学生。孔子认为他的"德行"较好。

②牖：窗户。

③亡夫：一作丧夫解，一作死亡解。

④夫：语气词，相当于"吧"。

【译文】

伯牛得了病，孔子去探望他，从窗户握着他的手说："不行了，这是命啊！这样的人竟会有这样的病！这样的人竟会有这样的病！"

【原文】

子曰："贤哉，回也！一箪[1]食，一瓢饮，在陋巷[2]，人不堪其忧，回也不改其乐[3]。贤哉，回也！"

【注释】

①箪：古代盛饭用的竹器。

②巷：此处指颜回的住处。

③乐：乐于学。

【译文】

孔子说："贤良啊，颜回！一个竹筐盛饭，一个瓜瓢喝水，住在小巷子里，别人都忍受不了贫困的忧患，颜回却不改变他自身的快乐。贤良啊，颜回。"

【评析】

本章中，孔子又一次称赞颜回，对他作了高度评价。这里讲颜回"不改其乐"，这也就是贫贱不能移的精神，这里包含了一个具有普遍意义的道理，即人总是要有一点精神的，为了自己的理想，就要不断追求，即使生活清苦困顿也自得其乐。

【原文】

冉求曰："非不说[1]子之道，力不足也。"子曰："力不足者，中道而废。今女画[2]。"

【注释】

①说：“同悦。

②画：划定界限，停止前进。

【译文】

冉求说：“不是我不喜欢您的学说，是我的能力不够呀。”孔子说：“能力不够的人，是半途而废。而你是现在还没开始走路。”

【评析】

从本章里孔子与冉求师生二人的对话来看，冉求对于学习孔子所讲授的理论产生了畏难情绪，认为自己的能力不够，在学习过程中感到非常吃力。但孔子认为，冉求并非能力的问题，而是他思想上的畏难情绪作怪，所以对他提出批评。

【原文】

子谓子夏曰：“女为君子儒！无为小人儒！”

【译文】

孔子对子夏说：“你应该做一个君子式的儒者！不

要做小人式的儒者。”

【评析】

在本章中，孔子提出了“君子儒”和“小人儒”的区别，要求子夏做君子儒，不要做小人儒。“君大儒”是指地位高贵、通晓礼法，具有理想人格的人；“小人儒”则指地位低贱，不通礼仪，品格平庸的人。

【原文】

子游为武城[①]宰。子曰：“女得人焉耳乎[②]？”曰：“有澹台灭明[③]者，行不由径[④]，非公事，未尝至于偃[⑤]之室也。”

【注释】

①武城：鲁国的小城邑，在今山东费县境内。

②焉尔乎：此三个字都是语助词。

③澹台灭明：姓澹台名灭明，字子羽，武城人，孔子弟子。

④径：小路，引申为邪路。

⑤偃：言偃，即子游，这是他自称其名。

【译文】

子游任武城邑的邑长。孔子说：“你在这里得到什么人才了吗？”子游说：“有一个叫澹台灭明的人，走路不走小路，没有公事，从不到我的房间来。”

【评析】

孔子极为重视发现人才、使用人才。他问子游的这段话，反映出他对举贤才的重视。当时社会处于大动荡、大变革时期，各诸侯国都重视接纳人才，尤其是能够帮助他们治国安邦的有用之才，这是出于政治和国务活动的需要。

【原文】

子曰：“孟之反①不伐②，奔③而殿④，将入门，策其马，曰：‘非敢后也，马不进也。’”

【注释】

①孟之反：名侧，鲁国大夫。

②伐：夸耀。

③奔：败走。

④殿：殿后，在全军最后作掩护。

【译文】

孔子说：“鲁国的大夫孟之反从不夸耀自己，在齐国和鲁国交战中，鲁国的军队溃败撤退了，他走在最后护卫，将要进入城门，他鞭打着马说：“不是我敢于走在最后，是马不愿意快走呀！’”

【评析】

公元前484年，鲁国与齐国打仗。鲁国右翼军败退的时候，孟之反在最后掩护败退的鲁军。对此，孔子给予了高度评价，宣扬他提出的“功不独居，过不推诿”的学说，认为这是人的美德之一。

【原文】

子曰：“不有祝鮀[①]之佞，而[②]有宋朝[③]之美，难乎免于今之世矣。”

【注释】

①祝：鮀，。字子鱼，卫国大夫，有口才，以能言善辩受到卫灵公重用。

②而：这里是“与”的意思。

③宋朝：宋国的公子朝，《左传》中曾记载他因美丽而惹起乱的事情。

【译文】

孔子说："假如没有卫国大夫祝鮀的口才，而只有宋国公子宋朝的美貌，在当今社会中恐怕难于免除灾祸吧。"

【原文】

子曰："谁能出不由户？何莫由斯道也？"

【译文】

孔子说："谁能走出屋外而不经过门呢？为什么没有人从我这条路上走呢？"

【评析】

孔子这里所说的，其实仅是一个比喻。他所宣扬的"德治""礼制"，在当时有许多人不予重视，他内心感到很不理解。所以，他发出了这样的疑问。

【原文】

子曰："质[①]胜文[②]则野[③]，文胜质则史[④]。文质彬彬[⑤]，然后君子。"

【注释】

①质：朴实、自然，无修饰的。

②文：文采，经过修饰的。

③野：此处指粗鲁、鄙野，缺乏文采。

④史：言词华丽，这里有虚伪、浮夸的意思。

⑤彬彬：指文与质的配合很恰当。

【译文】

孔子说："质朴多于文采就会显得粗野，文采多于质朴就会流于浮华。文采与质朴搭配适中，才能成为君子。"

【评析】

这段话言简意赅，确切地说明了文与质的正确关系和君子的人格模式，高度概括了孔子的文质思想。文与质是对立的统一，互相依存，不可分离。质朴与文采是同样重要的。孔子的文质思想经过两千多年的实践，不断得到丰富和发展，极大地影响了们的思想和行为，产生了深远的影响。

【原文】

子曰："人之生也直，罔[①]之生也幸而免。"

【注释】

①罔：诬罔不直的人。

【译文】

孔子说："人活在世上应该是正直的，不正直的人，活在世上只能侥幸免于灾祸。"

【评析】

"直"，是儒家的道德规范。直即直心肠，意思是耿直、坦率、正直、正派，同虚伪、奸诈是对立的。直人没有那么多坏心眼。直，符合仁的品德。与此相对，在社会生活中也有一些不正直的人，他们也能生存，甚至活得更好，这只是他们侥幸地避免了灾祸，并不说明他们的不正直有什么值得效法的。

【原文】

子曰："知之者不如好之者，好之者不如乐之者。"

【译文】

孔子说："对于任何事情了解它的人不如喜爱它的

人，喜爱它的人不如以它为乐的人。”

【评析】

孔子在这里没有具体指懂得什么，看来是泛指，包括学问、技艺等。有句话说：“兴趣是最好的导师，大概说的就是这个意思。

【原文】

子曰：“中人以上，可以语上也；中人以下，不可以语上也。”

【译文】

孔子说：“天赋在中等以上的人，可以和他谈论高深的学问；天赋在中等以下的人，不可以和他谈论高深的学问。”

【评析】

孔子向来认为，人的智力从出生就有聪明和愚笨的差别，即上智、下愚与中人。既然人有这么多的差距，那么，孔子在教学过程中，就提出“因材施教”的原则，这是他教育思想的一个重要内容，即根据学生智力水平的高低来决定教学内容和教学方式，这对我国教育学的形成和发展做出积极贡献。

【原文】

樊迟问知[1]。子曰："务[2]民之义[3]，敬鬼神而远之，可谓知矣。"问仁。曰："仁者先难而后获，可谓仁矣。"

【注释】

①知：同"智"。

②务：从事、致力于。

③义：专用力于人道之所宜。

【译文】

樊迟问怎样才算聪明。孔子说："对人民尽心专一，合乎道义；对鬼神恭敬而远离它，这样可以称得上聪明了。"又问怎样才能叫仁德。孔子说："仁德的人先付出而后收获，可以称得上仁德了。"

【评析】

本章提出了"智、"仁"等重大问题。面对现实，以回答现实的社会问题、人生问题为中心，这是孔子思想的一个突出特点。他还提出了"敬鬼神而远之"的主张，否定了宗法传统的神权观念，他不迷信鬼神，自然也不主张以卜筮向鬼神问吉凶。所以，孔子是力求以实事求是的态度否定鬼神作用的。

【原文】

子曰：“知者乐水，仁者乐山①。知者动，仁者静。知者乐，仁者寿。”

【注释】

①知者乐水，仁者乐山：“知”，同“智”；乐，古喜爱的意思。

【译文】

孔子说：“明智的人喜欢水，仁德的人喜欢山。明智的人喜欢动，仁德的人喜好静。明智的人乐观，仁德的人长寿。”

【评析】

孔子这里所说的“智者”和“仁者”不是一般人，而是那些有修养的“君子”。他希望人们都能做到“智”和“仁”，只要具备了这些品德，就能适应当时社会的要求。

【原文】

子曰："齐一变，至于鲁；鲁一变，至于道。"

【译文】

孔子说："齐国的政治一有改革，就赶上鲁国。鲁国的政治一改革，就合乎正道了。"

【评析】

本章里，孔子提出了"道"的范畴。此处所讲的"道"是治国安邦的最高原则。在春秋时期，齐国的封建经济发展较早，而且实行了一些改革，成为当时最富强的诸侯国家。与齐国相比，鲁国封建经济的发展比较缓慢，但意识形态和上层建筑保存得比较完备，所以孔子说，齐国改变就达到了鲁国的样子，而鲁国再一改变，就达到了先王之道。这反映了孔子对周礼的无限眷恋之情。

【原文】

子曰："觚不觚①，觚哉！觚哉！"

【注释】

①觚：古代盛酒的器具，上圆下方，有棱，容量约有二升。后来觚被改变了，所以孔子认为觚不像觚。

【译文】

孔子说："酒杯已经不像酒杯了，酒杯啊！酒杯啊！"

【评析】

孔子的思想中，周礼是根本不可更动的，从井田到刑罚；从音乐到酒具，周礼规定的一切都是尽善尽美的，甚至是神圣不可侵犯的。在这里，孔子慨叹当今事物名不符实，主张"正名"。尤其是孔子所讲，现今社会"君不君，臣不臣，父不父，子不子"的这种状况，是不能让人容忍的。

【原文】

宰我问曰："仁者①，虽告之曰：'井有仁焉。'其从之也？"子曰："何为其然也？君子可逝②也，不可陷③也；可欺也，不可罔也。"

【注释】

①仁：这里指有仁德的人。

②逝：往。这里指到井边去看并设法救之。

③陷：陷入。

【译文】

宰我问孔子说："仁德的人，如果告诉他说：'井里掉进个仁德的人。'他会跟着下去吗？"孔子说："为什么这样做呢？君子可以让他远远离开，不可以陷害他；可以劝住他，不可以愚弄他。"

【评析】

宰我所问的这个问题的确是比较尖锐的。"井有仁焉，其从之也？"对此，孔子的回答似乎不那么令人信服。他认为下井救人是不必要的，只要到井边寻找救人之法也就可以了。这就为君子不诚心救人找到这样一个借口。这恐怕与他一贯倡导的"见义不为非君子"的观点是截然相反的了。

【原文】

子曰："君子博学于文，约[1]之以礼，亦可以弗畔[2]矣夫[3]！"

【注释】

①约：一种释为约束；一种释为简要。

②畔：同"叛"。

③矣夫：语气词，表示较强烈的感叹。

【译文】

孔子说："君子如果能广博地学习文献，并且以礼来约束自己，不也可不违背道了吗？"

【评析】

本章清楚地说明了孔子的教育目的。他当然不主张离经叛道，那么怎么做呢？他认为应当广泛学习古代典籍，而且要用"礼"来约束自己。说到底，他是要培养懂得"礼"的君子。

【原文】

子见南子[1]，子路不说[3]。夫子矢[3]之曰："予所否[4]者，天厌之！天厌之！”

【注释】

①南子：卫国灵公的夫人，当时实际上左右着卫国政权，有淫乱的行为。

②说：“同“悦”。

③矢：同“誓”，此处讲发誓。

④否：不对，不是，指做了不正当的事。

【译文】

孔子去见南子，子路不高兴了。孔子发誓说：“我如果有不对的地方，天厌弃我吧！天厌弃我吧！”

【评析】

本章对孔子去见南子做什么，没有讲明。据后代儒家讲，孔子见南子是“欲行霸道”。所以，孔子在这里发誓赌咒，说如果做了什么不正当的事的话，就让上天去谴责他。

【原文】

子曰：“中庸①之为德也，其至矣乎！民鲜久矣。”

【注释】

①中庸：中，谓之无过无不及。庸，平常。

【译文】

孔子说："中庸作为道德标准，是最高的了！百姓缺乏这种道德已经很久了。"

【评析】

中庸是孔子和儒家的重要思想，尤其作为一种道德观念，这是孔子和儒家尤为提倡的。《论语》中提及"中庸"一词，仅此一条。中庸属于道德行为的评价问题，也是一种德行，而且是最高的德行。宋儒说，不偏不倚谓之中，平常谓庸。中庸就是不偏不倚的平常的道理。中庸又被理解为中道，中道就是不偏于对立双方的任何一方，使双方保持均衡状态。中庸又称为"中行"，中行是说，人的气质、作风、德行都不偏于一个方面，对立的双方互相牵制，互相补充。中庸是一种折中调和的思想。调和与均衡是事物发展过程中的一种状态，这种状态是相对的、暂时的。孔子揭示了事物发展过程的这一状态，并概括为"中庸"，这在古代认识史上是有贡献的。但在任何情况下都讲中庸，讲调和，就否定了对立面的斗争与转化，这是应当明确指出的。

【原文】

子贡曰：“如有博施[1]于民而能济众[2]，何如？可谓仁乎？”子曰：“何事于仁？必也圣乎！尧舜[3]其犹病诸[4]！夫[5]仁者，己欲立而立人[1]，已欲达而达人。能近取譬[6]，可谓仁之方也已。”

【注释】

①施：动词。

②众：指众人。

③尧舜：传说中上古时代的两位帝王，也是孔子心目中的榜样。儒家认为是“圣人”。

④病诸：病，担忧。诸，“之于”的合音。

⑤夫：句首发语词。

⑥能近取譬：能够就自身打比方。即推己及人的意思。

【译文】

子贡说：“如果有能广泛地施爱于人民而又能救济人民的人，怎么样呢？可以称得上仁德吗？”孔子说：

“何止于仁呢？那是圣德了！尧舜都恐怕难以做到！仁德的人，自己想站得住首先使别人也能站得住，自己做到通达事理首先要使别人也通达事理。能以自己的行为去譬喻别人，这可以称为是实行仁道的办法了。”

【评析】

“己欲立而立人，己欲达而达人”是实行“仁”的重要原则。“推己及人”就做到了“仁”。在后面的章节里，孔子还说“己所不欲，勿施于人”等。这些都说明了孔子关于“仁”的基本主张。对此，我们到后面还会提到。总之，这是孔子思想的一个重要方面，是社会基本伦理准则，在今天同样具有重要价值。

述而篇第七

《述而》篇共包括38章，也是学者们在研究孔子和儒家思想时引述较多的篇章之一。它包括以下几个方面的主要内容："学而不厌，诲人不倦"；"饭疏食饮水，曲肱而枕之，乐在其中"；"发愤忘食，乐以忘忧，不知老之将至"；"三人行必有我师"；"君子坦荡荡，小人长戚戚"；"温而厉，威而不猛，恭而安。"本章提出了孔子的教育思想和学习态度，孔子对仁德等重要道德范畴的进一步阐释，以及孔子的其他思想主张。

【原文】

子曰："述①而不作，信而好古，窃②比于我老彭③。"

【注释】

①述而不作：述，传述。作，创造。

②窃：私，私自，私下。

③老彭：人名，但究竟指谁，学术界说法不一。有的说是殷商时代一位"好述古事"的"贤大夫"；有的

说是老子和彭祖两个人，有的说是殷商时代的彭祖。

【译文】

孔子说：“阐述先王之道而不自己创作，相信并且喜好古代典籍，我自以为可以和殷时的贤大夫老彭相比了。”

【评析】

在这一章里，孔子提出了“述而不作”的原则，这反映了孔子思想上保守的一面。完全遵从“述而不作”的原则，那么对古代的东西只能陈陈相因，就不再会有思想的创新和发展。这种思想在汉代以后开始形成古文经学派，“述而不作”的治学方式，对于中国人的思想有一定程度的局限作用。

【原文】

子曰：“默而识①之，学而不厌，诲②人不倦，何有于我哉③？”

【注释】

①识：记住的意思。

②诲：教诲。

③何有于我哉：对我有什么难呢？

【译文】

孔子说："把所学的东西默默地记下来，不断学习而不厌烦，教导别人而不感到疲倦，这些我做得怎么样呢？"

【评析】

这一章紧接前一章的内容，继续谈论治学的方法问题。前面说他本人"述而不作，信而好古"，此章则说他"学而不厌，诲人不倦"；反映了孔子教育方法的一个侧面。这对中国教育思想的形成与发展产生了很大的影响，以至于在今天，我们仍在宣传他的这一教育学说。

【原文】

子曰："德之不修，学之不讲，闻义不能徙[①]，不善不能改，是吾忧也。"

【注释】

①徙：迁移。此处指靠近义、做到义。

【译文】

孔子说："品德不能修养，学问不讲求，听到义却不能身体力行，有缺点不能改正，这是我忧虑的。”

【评析】

春秋末年，天下大乱。孔子慨叹世人不能自见其过而自责，对此，他万分忧虑。他把道德修养、读书学习和知错即改三个方面的问题相提并论，在他看来，三者之间也有内在联系，因为进行道德修养和学习各种知识，最重要的就是要能够及时改正自己的过失或“不善”，只有这样，修养才可以完善，知识才可以丰富。

【原文】

子之燕居①，申申②如也，夭夭③如也。

【注释】

①燕居：安居、家居、闲居。

②申申：衣冠整洁。

③夭夭：行动迟缓、斯文和舒和的样子。

【译文】

孔子在家闲居，衣着整齐大方，面色和悦舒展。

【原文】

子曰："甚矣吾衰也！久矣吾不复梦见周公[①]！"

【注释】

①周公：姓姬名旦，周文王的儿子，周武王的弟弟，成王的叔父，鲁国国君的始祖，传说是西周典章制度的制定者，他是孔子所崇拜的所谓"圣人"之一。

【译文】

孔子说："我衰老得厉害呀！我好久没有再梦见周公了。"

【评析】

周公是中国古代的"圣人"之一，孔子自称他继承了自尧舜禹汤文武周公以来的道统，肩负着光大古代文化的重任。这句话，表明了孔子对周公的崇敬和思念，也反映了他对周礼的崇拜和拥护。

【原文】

子曰："志于道，据于德[①]，依于仁，游于艺[②]。"

【注释】

①德：旧注云：德者，得也。能把道贯彻到自己心中而不失掉就叫德。

②艺：艺指孔子教授学生的礼、乐、射、御、书、数等六艺，都是日常所用。

【译文】

孔子说："要立志求道，立足于德，行事靠人，游乐于礼、乐、射、御、书、数六艺之中。"

【评析】

《礼记·学记》曾说："不兴其艺，不能乐学。故君子之于学也，藏焉，修焉，息焉，游焉。夫然，故安其学而亲其师，乐其及而信其道，是以虽离师辅而不反也。"这个解释阐明了这里所谓的"游于艺"的意思。孔子培养学生，就是以仁、德为纲领，以六艺为基本，使学生能够得到全面均衡的发展。

【原文】

子曰："自行束脩①以上，吾未尝无诲焉。"

【注释】

①束脩：脩，干肉，又叫脯。束脩就是十条干肉。孔子要求他的学生，初次见面时要拿十余干肉作为学费。后来，就把学生送给老师的学费叫作“束脩”。

【译文】

孔子说：“自己主动带一束肉干来见我，我没有不教他的。”

【评析】

这一章中孔子所说的这段话，表明了他诲人不倦的精神，也反映了他“有教无类”的教育思想。过去有人说，既然要交十束干肉作学费，那必定是中等以上的人家之子弟才有入学的可能，贫穷人家自然是交不出十束干肉来的，所以孔子的“有教无类”只停留在口头上，在社会实践中根本不可能推行。用这种推论否定孔子的“有教无类”的教育思想，过于理想化和幼稚。在任何社会里，要做到完全彻底的有教无类，恐怕都有相当难度，这要归之于社会经济的发展程度。

【原文】

子曰："不愤[①]不启[①]，不悱[②]不发。举一隅[③]不以三隅反，则不复也。"

【注释】

①愤：苦思冥想而仍然领会不了的样子。

②悱：想说又不能明确说出来的样子。

③隅：角落。

【译文】

孔子说："教导学生，不到他自己百思不解时，不要开导他；不到他想说而又说不出来时，不要启发他。举出一个问题他不能因此而推举出其他三个问题，那就不要再教他了。"

【评析】

在《雍也》一篇第21章中，孔子说："中人以上可以语上也；中人以下，不可以语上也。"这一章继续谈他的教育方法问题。在这里，他提出了"启发式"教学的思想。从教学方面而言，他反对"填鸭式""满堂灌”的做法。要求学生能够“举一反三”，在学生充分进行独立思考的基础上，再对他们进行启发、开导，这是符合教学基本规律的，而且具有深远的影响，在今天教学过程中仍可以加以借鉴。

【原文】

子食于有丧者之侧，未尝饱也。

【译文】

孔子在居丧的人旁边吃饭，没有吃饱过。

【原文】

子于是日哭，则不歌。

【译文】

孔子在这一天哭泣，就不再唱歌了。

【原文】

子谓颜渊曰：“用之则行，舍之则藏①，唯我与尔有是夫②！”子路曰：“子行三军③，则谁与④？”子曰：“暴虎⑤冯河⑥，死而无悔者，吾不与也。必也临事而惧⑦，好谋而成者也。”

【注释】

①舍之则藏：舍，舍弃，不用。藏，隐藏。

②夫：语气词，相当于“吧”。

③三军：是当时大国所有的军队，每军约一万二千五百人。

④与：在一起的意思。

⑤暴虎：空拳赤手与老虎进行搏斗。

⑥冯河：无船而徒步过河。

⑦临事不惧：惧是谨慎、警惕的意思。遇到事情便格外小心谨慎。

【译文】

孔子对颜渊说：“被任用就推行自己的主张，不被任用就收起自己的主张，只有我和你能做到这样！”子路说：“您若统率三军，找谁共事呢？”孔子说：“赤手空拳和老虎搏斗，不用船而自己赤足过河，这样死也不后悔的人，我不和他共事。一定要用遇事慎重，好用谋略而成功的人。”

【评析】

孔子在本章提出不与“暴虎冯河，死而无悔”的人在一起去统帅军队。因为在他看来，这种人虽然视死如归，但有勇无谋，是不能成就大事的。“勇”是孔子道德范畴中的一个德目，但勇不是蛮干，而是“临事而惧，好谋而成”的人，这种人智勇兼有，符合“勇”的规定。

【原文】

子曰：“富①而可求②也，虽执鞭之士③，吾亦为之。如不可求，从吾所好。”

【注释】

①富：指升官发财。

②求：指合于道，可以去求。

③执鞭之士：古代为天子、诸侯和官员出入时手执皮鞭开路的人。意思指地位低下的职事。

【译文】

孔子说：“财富如果是可以求得的话，就是当车夫，我也愿意干。如果不能求得，那还是干我喜欢的事。”

【评析】

孔子在这里又提到富贵与道的关系问题。只要合乎于道，富贵就可以去追求；不合乎于道，富贵就不能去追求。那么，他就去做自己喜欢做的事情。从此处可以看到，孔子不反对做官，不反对发财，但必须符合于道，这是原则问题，孔子表明自己不会违背原则去追求富贵荣华。

【原文】

子之所慎：齐①，战，疾。

【注释】

①齐：同斋，斋戒。古人在祭祀前要沐浴更衣，不吃荤，不饮酒，不与妻妾同寝，整洁身心，表示虔诚之心，这叫作斋戒。

【译文】

孔子所小心的事是：斋戒，战争，疾病。

【原文】

子在齐闻《韶》①，三月不知肉味，曰“不图为乐之至于斯也。”

【注释】

①《韶》：舜时古乐曲名。

【译文】

孔子在齐国听了《韶》乐，竟然三个月不知道肉的滋味，他说：“没想到欣赏《韶》乐达到了这样的境界。”

【评析】

《韶》乐是当时流行于贵族当中的古乐。孔子对音乐很有研究，音乐鉴赏能力也很强，他听了《韶》乐以后，在很长时间内品尝不出肉的滋味，这当然是一种形容的说法，但他欣赏古乐已经到了痴迷的程度，也说明了他在音乐方面的高深造诣。

【原文】

冉有曰：“夫子为[①]卫君[②]乎？”子贡曰：“诺[③]；吾将问之。”入，曰：“伯夷、叔齐何人也？”曰：“古之贤人也。”曰：“怨乎？”曰：“求仁而得仁，又何怨？”出，曰：“夫子不为也。”

【注释】

①为：这里是帮助的意思。

②卫君：卫出公辄，是卫灵公的孙子。公元前492年—前481年在位。他的父亲因谋杀南子而被卫灵公驱逐出国。灵公死后，辄被立为国君，其父回国与他争位。

③诺：答应的说法。

【译文】

冉有说：“老师赞同卫君吗？”子贡说：“好吧，我进去问问。”子贡进去，说：“伯夷、叔齐是什么人？”孔子说：“古代的圣贤呀！”子贡说：“他们有怨悔吗？”孔子说：“他们求仁德便得到了仁德，又有什么怨悔的呢？”子贡出来，说：“老师不赞同卫君。”

【评析】

卫国国君辄即位后，其父与其争夺王位，这件事恰好与伯夷、叔齐两兄弟互相让位形成鲜明对照。这里，孔子赞扬伯夷、叔齐，而对卫出公父子违反等级名分极为不满。孔子对这两件事给予评价的标准就是符不符合礼。

【原文】

子曰：“饭疏食[①]饮水，曲肱[②]而枕之，乐亦在其中矣。不义而富且贵，于我如浮云。”

【注释】

①饭疏食，饭，这里是“吃”的意思，作动词。疏食即粗粮。

②曲肱：肱胳膊，由肩至肘的部位。曲肱，即弯着胳膊。

【译文】

孔子说：“吃粗饭喝清水，弯起胳膊当枕头，快乐就在其中了。干不义的事得到了财富和地位，对我来说，就如同浮云一样。”

【评析】

孔子极力提倡“安贫乐道”，认为有理想、有志向的君子，不会总是为自己的吃穿住而奔波的，“饭疏食饮水，曲肱而枕之”，对于有理想的人来讲，可以说是乐在其中。同时，他还提出，不符合于道的富贵荣华，他是坚决不予接受的，对待这些东西，如天上的浮云一般。这种思想深深影响了古代的知识分子，也为一般老百姓所接受。

【原文】

子曰："加[①]我数年，五十以学易[②]，可以无大过矣。"

【注释】

①加：这里通"假"字，给予的意思。

②易：指《周易》，古代占卜用的一部书。

【译文】

孔子说："增加我几年岁数，到五十岁时去学习《易经》，便可以没有大的过失了。"

【评析】

孔子自己说，"五十而知天命"，可见他把学《易》和"知天命"联系在一起。他主张认真研究《易》，是为了使自己的言行符合于"天命"。《史记·孔子世家》中说，孔子"读《易》，韦编三绝"。

他非常喜欢读《周易》，曾把穿竹简的皮条翻断了很多次。这表明孔子活到老、学到老的刻苦钻研精神，值得后人学习。

【原文】

子所雅言[①]，诗、书、执礼、皆雅言也。

【注释】

①雅言：周王朝的京畿之地在今陕西地区，以陕西语音为标准音的周王朝的官话，在当时被称作“雅言”。孔子平时谈话时用鲁国的方言，但在诵读《诗》《书》和赞礼时，则以当时陕西语音为准。

【译文】

孔子讲规范的语言，讲《诗》《书》，行礼，都用规范的语言。

【原文】

叶公[①]问孔子于子路，子路不对。子曰：“女奚不曰，其为人也，发愤忘食，乐以忘忧，不知老之将至云尔[②]。”

【注释】

①叶公：叶。叶公姓沈名诸梁，楚国的大夫，封地在叶城（今河南叶县南），所以叫叶公。

②云尔：云，代词，如此的意思。尔同耳，而已，罢了。

【译文】

叶公向子路问孔子怎么样，子路不回答。孔子对子路说：“你为什么不这样说：“他的为人呢，发愤读书时就忘了吃饭，高兴起来就忘了忧愁，而且不知道衰老即将到来了。”

【评析】

这一章里孔子自述其心态，“发愤忘食，乐以忘忧”，连自己老了都觉察不出来。孔子从读书学习和各种活动中体味到无穷乐趣，他不为身旁的小事而烦恼，表现出积极向上的精神面貌。

【原文】

子曰：“我非生而知之者，好古，敏以求之者也。”

【译文】

孔子说："我不是生来就有知识的人，而是喜欢古代典籍，并且勤奋敏捷地去探求的人。"

【评析】

在孔子的观念当中，"上智"就是"生而知之者"，但他却否认自己是生而知之者。他之所以成为学识渊博的人，在于他爱好古代的典章制度和文献图书，而且勤奋刻苦，思维敏捷。这是他总结自己学习与修养的主要特点。他这么说，是为了鼓励他的学生发愤努力，成为各方面的有用人才。

【原文】

子不语怪，力、乱、神。

【译文】

孔子不谈论怪异、勇力、叛乱、鬼神。

【评析】

孔子大力提倡"仁德""礼治"等道德观念，从

《论语》书中，很少见到孔子谈论怪异、暴力、变乱、鬼神，如他“敬鬼神而远之”等。但也不是绝对的。他偶尔谈及这些问题时，都是有条件的，有特定环境的。

【原文】

子曰：“三人行，必有我师焉；择其善者而从之，其不善者而改之。”

【译文】

孔子说：“三个人一起走路，其中一定有值得我为师学习的人；我选择其中好的并且向他学习，看到其中不好的就改正过来。”

【评析】

孔子的“三人行，必有我师焉”这句话，受到后代知识分子的极力赞赏。他虚心向别人学习的精神十分可贵，但更可贵的是，他不仅要以善者为师，而且以不善者为师，这其中包含有深刻的哲理。他的这段话，对于指导我们处事待人、修身养性、增长知识，都是有益的。

【原文】

子曰："天生德于予，桓魋[①]其如予何？"

【注释】

①桓魋：魋任宋国主管军事行政的官——司马，是宋桓公的后代。

【译文】

孔子说："上天给予了我这样的品德，宋国的桓魋能把我怎么样？"

【评析】

公元前492年，孔子从卫国去陈国时经过宋国。桓魋听说以后，带兵要去害孔子。当时孔子正与弟子们在大树下演习周礼的仪式，桓魋砍倒大树，而且要杀孔子，孔子连忙在学生保护下，离开了宋国，在逃跑途中，他说了这句话。他认为，自己是有仁德的人，而且是上天把仁德赋予了他，所以桓魋对他是无可奈何的。

【原文】

子曰："二三子[①]以我为隐乎？吾无隐乎尔。吾无行而不与二三子者[2]，是丘也。”

【注释】

①二三子：这里指孔子的学生们。

【译文】

孔子说：“你们这些学生认为我有所隐瞒吗？我对你们没有任何隐瞒。我没有什么行为不告诉你们的，这就是我孔丘的为人。”

【原文】

子以四教：文[1]，行[2]，忠[3]，信[4]。

【注释】

①文：文献、古籍等。

②行：指德行，也指社会实践方面的内容。

③忠：尽己之谓忠，对人尽心竭力的意思。

④信：以实之谓信。诚实的意思。

【译文】

孔子用四个方面的内容教育学生：知识，德行，忠诚，信誉。

【评析】

本章主要讲孔子教学的内容。当然，这仅是他教学内容的一部分，并不包括全部内容。孔子注重历代古籍、文献资料的学习，但仅有书本知识还不够，还要重视社会实践活动，所以，从《论语》书中，我们可以看到孔子经常带领他的学生周游列国，一方面向各国统治者进行游说，一方面让学生在实践中增长知识和才干。但书本知识和实践活动仍不够，还要养成忠、信的德行，即对待别人的忠心和与人交际的信实。概括起来讲，就是书本知识，社会实践和道德修养三个方面。

【原文】

子曰：“圣人，吾不得而见之矣；得见君子者，斯①可矣。”子曰：“善人，吾不得而见之矣；得见有恒②者，斯可矣。亡而为有，虚而为盈，约③而为泰④，难乎有恒矣。”

【注释】

①斯：就。

②恒：指恒心。

③约：穷困。

④泰：这里是奢侈的意思。

【译文】

孔子说："圣人，我不能看见了；能见君子，就可以了。"又说："完美的人，我不能看见了；能看见有操行的人，也就可以了。本来没有的说成是有，虚空的说成盈实，简约的说成豪华的，这样的人是很难有操行的。"

【评析】

对于春秋末期社会"礼崩乐坏"的状况，孔子似乎感到一种绝望，因为他认为在那样的社会背景下，难以找到他观念中的"圣人""善人"，而那些"虚而为盈，约而为泰"的人却比比皆是，在这样的情况下，能看到"君子""有恒者"，也就心满意足了。

【原文】

子钓而不纲①，弋②不射宿③。

【注释】

①纲：大绳。这里作动词用。在水面上拉一根大绳，在大绳上系许多鱼钩来钓鱼，叫纲。

②弋：用带绳子的箭来射鸟。

③宿：指归巢歇宿的鸟儿。

【译文】

孔子钓鱼但不拉大网，射鸟但不射归巢的鸟。

【评析】

其实，只用有一个鱼钩的钓竿钓鱼和用网捕鱼，和只用箭射飞行中的鸟与射巢中之鸟从实质上并无区别。孔子的这种做法，只不过表白他自己的仁德之心罢了。

【原文】

子曰：“盖有不知而作之者，我无是也。多闻，择其善者而从之；多见而识之；知之次也[①]。”

【注释】

①次：此等。

【译文】

孔子说：“大概有一种人自己不知道却爱凭空创作，我不是这样的人。多听，选择其中好的吸取；多见而且记住，这样，就仅次于生而知之者了。”

【评析】

本章里，孔子提出对自己所不知的东西，应该多闻、多见，努力学习，反对那种本来什么都不懂，却在那里凭空创造的做法。这是他对自己的要求，同时也要求他的学生这样去做。

【原文】

互乡[①]难与言，童子见，门人惑。子曰："与[②]其进[③]也，不与其退也，唯何甚？人洁己以进，与其洁也[④]，不保其往也[⑤]。"

【注释】

①互乡：地名，具体所在已无可考。

②与：赞许。

③进、退：一说进步、退步；一说进见请教，退出以后的作为。

④洁己：洁身自好，努力修养，成为有德之人。

⑤不保其往：保，一说担保，一说保守。往，一说过去，一说将来。

【译文】

互乡这地方的人难与交谈，一个童子得到孔子的接见，弟子们都很疑惑。孔子说："我们应该鼓励他的进步，不鼓励他的退步，对人家何必做得太过？人们洁净自己来见我，我鼓励他的整洁。但我不能记住他的过去不忘。"

【评析】

孔子时常向各地的人们宣传他的思想主张。但在互乡这个地方，就有些行不通了。所以他说："与其进也，不与其退也"；"人洁己以进，与其洁也，不保其往也"，这从一个侧面体现出孔子"诲人不倦"的态度，而且他认为不应死抓着过去的错误不放。

【原文】

子曰："仁远乎哉？我欲仁，斯仁至矣。"

【译文】

孔子说："仁德难道离我们很远吗？我需要仁德，那仁德就来了。"

【评析】

从本章孔子的言论来看，仁是人天生的本性，因此为仁就全靠自身的努力，不能依靠外界的力量，“我欲仁，斯仁至矣。”这种认识的基础，仍然是靠道德的自觉，要经过不懈的努力，就有可能达到仁。这里，孔子强调了人进行道德修养的主观能动性，有其重要意义。

【原文】

陈司败①问昭公②知礼乎？孔子曰：“知礼。”孔子退，揖③巫马期④而进之，曰：“吾闻君子不党，君子亦党⑤乎？君取⑥于吴，为同姓⑦，谓之吴孟子⑧。君而知礼，孰不知礼？”巫马期以告。子曰：“丘也幸，苟有过，人必知之。”

【注释】

①陈司败：陈国主管司法的官，姓名不详，也有人说是齐国大夫，姓陈名司败。

②昭公：鲁国的君主，名惆（chóu），公元前541—前510年在位。“昭”是谥号。

③揖：作揖，行拱手礼。

④巫马期：姓巫马名施，字子期，孔子的学生，比孔

子小30岁。

⑤党：偏袒、包庇的意思。

⑥取：同娶。

⑦为同姓：鲁国和吴国的国君同姓姬。周礼规定：同姓不婚，昭公娶同姓女，是违礼的行为。

⑧吴孟子：鲁昭公夫人。春秋时代，国君夫人的称号，一般是她出生的国名加上她的姓，但因她姓姬，故称为吴孟子，而不称吴姬。

【译文】

陈司败问孔子鲁昭公懂得礼吗？孔子说：“懂礼。”孔子走出来，陈司败向孔子的学生巫马期行了个礼，并走近他说：“我听说君子不偏袒别人，难道孔子偏袒别人吗？鲁昭公从吴国娶了位夫人，吴与鲁是同姓，于是称她为吴孟子。鲁昭公如果懂得礼，那么谁不懂礼呢？”巫马期把这话告诉了孔子。孔子说：“我真幸运啊，一旦有错误，人家就给我指出来了。”

【评析】

鲁昭公娶同姓女为夫人，违反了礼的规定，而孔子却说他懂礼。这表明孔子的确在为鲁昭公袒护，即“为尊者讳”。孔子以维护当时的宗法等级制度为最高原则，所以他自身出现了矛盾。在这种情况下，孔子又不得不自嘲似的说，“丘也幸，苟有过，人必知之。”事实上，他已经承认偏袒鲁昭公是自己的过错，只是无法解决这个矛盾而已。

【原文】

子与人歌而善，必使反之，而后和之。

【译文】

孔子和别人一同唱歌，如果别人唱得好，一定让人家重唱一遍，然后他再跟着唱。

【原文】

子曰：“文，莫[①]吾犹人也。躬行君子，则吾未之有得。”

【注释】

①莫：约莫、大概、差不多。

【译文】

孔子说：“做学问，我和别人一样的。身体力行做个君子，那我还没做到。”

【评析】

对于“文，莫吾犹人也”一句，在学术界还有不同解释。有的说此句意为：“讲到书本知识我不如别人”；有的说此句应为：“勤勉我是能和别人相比的。”我们这里采用了“大约我和别人差不多”这样的解释。他从事教育，既要给学生传授书本知识，也注重培养学生的实际能力。他说自己在身体力行方面，还没有取得君子的成就，希望自己和学生们尽可能地从这个方面再作努力。

【原文】

子曰：“若圣与仁，则吾岂敢？抑[①]为之[②]不厌，诲人不倦，则可谓云尔[③]已矣。”公西华曰：“正唯弟子不能学也。”

【注释】

①抑：折的语气词，“只不过是”的意思。

②为之：指圣与仁。

③云尔：这样说。

【译文】

孔子说：“如果谈圣和仁，那我怎么敢呢？但是如果说做起事来不知厌烦，教导别人不知疲倦，那可以说是这样了。”公西华说：“这正是我们大家不能学到的。”

【评析】

本篇第2章里，孔子已经谈到“学而不厌，诲人不倦”，本章又说到“为之不厌，诲人不倦”的问题，其实是一致。他感到，说起圣与仁，他自己还不敢当，但朝这个方向努力，他会不厌其烦地去做，而同时，他也不感疲倦地教诲别人。这是他的由衷之言。仁与不仁，其基础在于好学不好学，而学又不能停留在口头上，重在能行。所以学而不厌，为之不厌，是相互关联、基本一致的。

【原文】

子疾病①，子路请祷②。子曰：“有诸③？”子路对曰：“有之；《诔》④曰：‘祷尔于上下神祇⑤。’”子曰：“丘之祷久矣。”

【注释】

①疾病：疾指有病，病指病情严重。

②请祷：向鬼神请求和祷告，即祈祷。

③有诸：诸，“之于”的合音。意为：有这样的事吗。

④《诔》：祈祷文。

⑤神祇：祇古代称天神为神，地神为祇。

【译文】

孔子病重，子路为他请求祈祷。孔子说："有这样做的吗？"子路回答说："有；《诔》文上说：'替你向天神和地神祈祷。'"孔子说："我已经祈祷很久了。"

【评析】

孔子患了重病，子路为他祈祷，孔子对此举并不加以反对，而且说自己已经祈祷很久了。对于这段文字怎么理解？有人认为，孔子本人也向鬼神祈祷，说明他是一个非常迷信天地神灵的人；也有人说，他已经向鬼神祈祷很久了，但病情却未见好转，表明他对鬼神抱有怀疑态度，说孔子认为自己平素言行并无过错，所以祈祷对他无所谓。这两种观点，请读者自己去仔细品评。

【原文】

子曰："奢则不孙[①]，俭则固。与其不孙也，宁固[②]。"

【注释】

①孙：同逊，恭顺。不孙，即为不顺，这里的意思

是“越礼”。

②固：简陋、鄙陋。这里是寒酸的意思。

【译文】

孔子说：“奢华就会傲慢，俭朴就会寒酸。与其傲慢，宁可寒酸。”

【评析】

春秋时代各诸侯、大夫等都极为奢侈豪华，他们的生活享乐标准和礼仪规模都与周天子没有区别，这在孔子看来，都是越礼、违礼的行为。尽管节俭就会让人感到寒酸，但与其越礼，则宁可寒酸，以维护礼的尊严。

【原文】

子曰：“君子坦荡荡①，小人长戚戚②。”

【注释】

①坦荡荡：心胸宽广、开阔、容忍。

②长戚戚：经常忧愁、烦恼的样子。

【译文】

孔子说：“君子胸怀宽广坦荡，小人永远局促忧愁。”

【评析】

“君子坦荡荡，小人长戚戚”是自古以来人们所熟知的一句名言。许多人常常将此写成条幅，悬于室中，以激励自己。孔子认为，作为君子，应当有宽广的胸怀，可以容忍别人，容纳各种事件，不计个人利害得失。心胸狭窄，与人为难、与己为难，时常忧愁，局促不安，就不可能成为君子。

【原文】

子温而厉，威而不猛，恭而安。

【译文】

孔子温和而又严厉，威严而不凶狠，恭敬而又安宁。

【评析】

这是孔子的学生对孔子的赞扬。孔子认为人有各种欲与情，这是顺应自然的，但人所有的情感与欲求，都必须合乎“中和”的原则。“厉”“猛”等都有些“过”，而“不及”同样是不可取的。孔子的这些情感与实际表现，可以说正是符合中庸原则的。

泰伯篇第八

《泰伯》篇共计21章，其中著名的文句有：“鸟之将死，其鸣也哀；人之将死，其言也善”；“任重而道远”；“死而后已”；“民可使由之，不可使知之”；“不在其位，不谋其政”等。本篇的基本内容，涉及孔子及其学生对尧舜禹等古代先王的评价；孔子教学方法和教育思想的进一步发挥；孔子道德思想的具体内容以及曾子在若干问题上的见解。

【原文】

子曰：“泰伯①，其可谓至德也已矣。三②以天下让，民③无得而称焉。”

【注释】

①泰伯：周代始祖古公亶父的长子。

②三：多次的意思。

③民无得而称焉：百姓找不到合适的词句来赞扬他。

【译文】

孔子说："泰伯，可以称得上品德极高尚的了。多次把天子的地位让给季历，百姓不知道怎么称赞他了。"

【评析】

传说古公亶父知道三子季历的儿子姬昌有圣德，想传位给季历，泰伯知道后便与二弟仲雍一起避居到吴。古公亶父死，泰伯不回来奔丧，后来又断发文身，表示终身不返，把君位让给了季历，季历传给姬昌，即周文王。武王时，灭了殷商，统一了天下。这一历史事件在孔子看来，是值得津津乐道的，三让天下的泰伯是道德最高尚的人。只有天下让与贤者、圣者，才有可能得到治理，而让位者则显示出高尚的品格，老百姓对他们是称赞无比的。

【原文】

子曰："恭而无礼则劳①，慎而无礼则葸②，勇而无礼则乱，直而无礼则绞③。君子笃④于亲，则民兴于仁；故旧⑤不遗，则民不偷⑥。"

【注释】

①劳：辛劳，劳苦。

②葸：拘谨，畏惧的样子。

③绞：说话尖刻，出口伤人。

④笃：厚待、真诚。

⑤故旧：故交，老朋友。

⑥偷：淡薄。

【译文】

孔子说："恭敬却没有礼的节制就会劳苦，谨慎而没有礼的节制就会胆怯，有胆量而没有礼的节制就会闯祸，直率却没有礼的节制就会变得尖刻。君子对待亲人感情深厚，人民就会兴起仁德之风；所以君主不遗弃老朋友，百姓就不会人情淡漠。"

【评析】

"恭""慎""勇""直"等德目不是孤立存在的，必须以"礼"作指导，只有在"礼"的指导下，这些德目的实施才能符合中庸的准则，否则就会出现"劳""葸""乱""绞"，就不可能达到修身养性的目的。

【原文】

曾子有疾，召门弟子曰："启[①]予足！启予手！《诗》云[②]：'战战兢兢，如临深渊，如履薄冰。'而今而后，吾知免[③]夫！小子[④]！"

【注释】

①启：开启，曾子让学生掀开被子看自己的手脚。

②诗云：以下三句引自《诗经·小雅·小旻》篇。

③免：指身体免于损伤。

④小子：对弟子的称呼。

【译文】

曾参得病了，把他的弟子叫来说："你们看看我的脚！看看我的手！《诗经》上说："'战战兢兢，好像面临着深渊，好像走在薄薄的冰上。'从今以后，我知道我可以免除灾祸了！学生们！"

【评析】

曾子借用《诗经》里的三句，来说明自己一生谨慎小心，避免损伤身体，能够对父母尽孝。据《孝经》记载，孔子曾对曾参说过："身体发肤，受之父母，不敢毁伤，孝之始也。"就是说，一个孝子，应当极其爱护父母给予自己的身体，包括头发和皮肤都不能有所损伤，这就是孝的开始。曾子在临死前要他的学生们看看自己的手脚，以表白自己的身体完整无损，是一生遵守孝道的。可见，孝在儒家的道德规范当中是多么重要。

【原文】

曾子有疾，孟敬子[①]问[②]之。曾子言曰："鸟之将死，其鸣也哀；人之将死，其言也善。君子所贵乎道者三：动容貌[③]，斯远暴慢[④]矣；正颜色[⑤]，斯近信矣；出辞气[⑥]，斯远鄙倍[⑦]矣[①]。笾豆之事[⑧]，则有司[⑨]存。"

【注释】

①孟敬子：即鲁国大夫孟孙捷。

②问：探望、探视。

③动容貌：使自己的内心感情表现于面容。

④暴慢：粗暴、放肆。

⑤正颜色：使自己的脸色庄重严肃。

⑥出辞气：出言，说话。指注意说话的言辞和口气。

⑦鄙倍：鄙，粗野。倍同背，背理。

⑧笾豆之事：笾和豆都是古代祭祀和典礼中的用具。

⑨有司：指主管某一方面事务的官吏，这里指主管祭祀、礼仪事务的官吏。

【译文】

曾参得病了，孟敬子去探问他。曾参说："鸟要死时，鸣叫的声音是悲哀的；人要死时，说出的话都是善意的。君子所看重的道有三点：举止容貌端庄，就会远离粗暴和慢怠；严肃自己的面色，就接近了诚信；说话言辞和悦，就会避免鄙俗和错误。至于祭祀中的礼仪问题，那是主管小吏的事情。"

【评析】

曾子与孟敬子在政治立场上是对立的。曾子在临死以前，他还在试图改变孟敬子的态度，所以他说："人之将死，其言也善。"这一方面表白他自己对孟敬子没有恶意，同时也告诉孟敬子，作为君子应当重视的三个方面。这些道理现在看起来，还是很有意义的。对于个人的道德修养与和谐的人际关系有重要的借鉴价值。

【原文】

曾子曰："以能问于不能，以多问于寡；有若无，实若虚，犯而不校[①]——昔者吾友[②]尝从事于斯矣。"

【注释】

①校：同较，计较。

②吾友：我的朋友。旧注上一般都认为这里指颜渊。

【译文】

曾子说："有才能的向没有才能的人求教，知识多的人向知识少的人求教；有学问像没有学问一样，满腹知识和没有一样空虚，受到别人侵犯也不计较——以前我的朋友就能够做到这样。"

【评析】

曾子在这里所说的话，完全秉承了孔子的思想学说。"问于不能"，"问于寡"等都表明在学习上的谦逊态度。没有知识、没有才能的人并不是一钱不值的，在他们身上总有值得你学习的地方。所以，在学习上，即要向有知识、有才能的人学习，又要向少知识、少才能的人学习。其次，曾子还提出“有若无”“实若虚”的说法，希望人们始终保持谦虚不自满的态度。第三，曾子说“犯而不校”，表现出一种宽阔的胸怀和忍让精神，这也是值得学习的。

【原文】

曾子说：“可以讬六尺之孤①，可以寄百里之命②，临大节而不可夺也。君子人与？君子人也。”

【注释】

①托六尺之孤：孤：死去父亲的小孩叫孤，六尺指15岁以下，古人以七尺指成年。托孤，受君主临终前的嘱托辅佐幼君。

②寄百里之命：寄，寄托、委托。百里之命，指掌握国家政权和命运。

【译文】

曾子说：“可以把幼小的儿童托付给他，可以把国家的命脉寄托给他，面临生死存亡的紧要关头而不动摇屈服——这样的人是君子吗？是君子啊！”

【评析】

孔子所培养的就是有道德、有知识、有才干的人，他可以受命辅佐幼君，可以执掌国家政权，这样的人在生死关头决不动摇，决不屈服，这就是具有君子品格的人。

【原文】

曾子曰："士不可以不弘毅[1]，任重而道远。仁以为己任，不亦重乎？死而后已，不亦远乎？"

【注释】

①弘毅：弘，广大。毅，强毅。

【译文】

曾子说："知识分子不能没有宽阔的胸怀和刚强的毅力，因为他担负着重大的历史使命而且道路遥远。以实现仁德作为自己的历史使命，不是很重大吗？对这一理想的追求到死才可以停止，不是道路遥远吗？"

【原文】

子曰："兴[1]于《诗》，立于礼，成于乐。"

【注释】

①兴：开始。

【译文】

孔子说："修身养性起于《诗经》，立身之道在于礼，性情所成在于音乐。"

【评析】

本章里孔子提出了他从事教育的三方面内容：诗、礼、乐，而且指出了这三者的不同作用。它要求学生不仅要讲个人的修养，而且要有全面、广泛的知识和技能。

【原文】

子曰："民可使由之，不可使知之。"

【译文】

孔子说："老百姓可以让他们遵从我们的意志，不必让他们知道为什么。"

【评析】

孔子思想上有"爱民"的内容，但这有前提。他爱的是“顺民”，不是“乱民”。本章里他提出的“民可使由之，不可使知之”的观点，就表明了他的“愚民”思想，当然，愚民与爱民并不是互相矛盾的。另有人认为，对此句应做如下解释：“民可，使由之；不可，使知之。”即百姓认可，就让他们照着去做；百姓不认可，就给他们说明道理。持这种观点的人认为这是孔子倡行朴素民主政治的尝试。但大多数学者认为这样断句，不符合古汉语的语法；这样理解，拔高了孔子的思想水平，使古人现代化了，也与《论语》一书所反映的孔子思想不符。

【原文】

子曰：“好勇疾[①]贫，乱也。人而不仁[②]，疾之已甚[③]，乱也。”

【注释】

①疾：恨、憎恨。

②不仁：不符合仁德的人或事。

③已甚：已，太。已甚，即太过分。

【译文】

孔子说：“喜好勇敢却厌恶贫穷的人，会作乱。作为一个人却不仁德，恨他太过，也会作乱。”

【评析】

本章与上一章有关联。在孔子看来，老百姓如果不甘心居于自己穷困的地位，他们就会起来造反，这就不利于社会的安定，而对于那些不仁的人逼迫得太厉害，也会惹出祸端。所以，最好的办法就是“民可使由之，不可使知之”，培养人们的“仁德”。

【原文】

子曰：“如有周公之才之美，使骄且吝，其余不足观也已。”

【译文】

孔子说：“如果有周公那样美妙的才华，但却骄傲并且吝啬，那么其他方面也不值得一看了。”

【原文】

子曰：“三年学，不至于谷①，不易得也。”

【注释】

①谷：古代以谷作为官吏的俸禄，这里用“谷”字代表做官。不至于谷，即做不了官。

【译文】

孔子说："读书三年而没有产生做官的愿望，这样的人是很难得到的。"

【评析】

孔子办教育的主要目的，是培养治国安邦的人才，古时一般学习三年为一个阶段，此后便可做官。对本章另有一种解释，认为"学了三年还达不到善的人，是很少的"。读者可以根据自己的理解来阅读本章。

【原文】

子曰："笃信好学，守死善道。危邦不入，乱邦不居。天下有道则见[①]，无道则隐。邦有道，贫且贱焉，耻也；邦无道，富且贵焉，耻也。"

【注释】

①见：同现。

【译文】

孔子说："诚信好学，一生不离善道。濒临危亡的国家不去，动乱的国家不去居住。天下政治清明就出来做事，政治混乱就归隐。政治清明，自己贫穷而且卑贱，是耻辱的；国家混乱，自己富裕而且显贵，是耻辱的。”

【评析】

这是孔子给弟子们传授的为官之道。“天下有道则见，无道则隐”；“用之则行，舍之则藏”，这是孔子为官处世的一条重要原则。此外，他还提出应当把个人的贫贱荣辱与国家的兴衰存亡联系在一起，这才是为官的基点。

【原文】

子曰：“不在其位，不谋其政。”

【译文】

孔子说：“不在那个职位上，不参与它的政事。”

【评析】

“不在其位，不谋其政”涉及儒家所谓的“名分”问题。不在其位而谋其政，则有僭越之嫌，就被人认为是“违礼”之举。“不在其位，不谋其政”也就是要“安分守己”。这在春秋末年为维护社会稳定，抑制百姓"犯上作乱"起到过重要作用，但对后世则有一定的不良影响，尤其对民众不关心政治，安分守礼的心态起到诱导作用。应当说，这是消极的。

【原文】

子曰："师挚之始[①]，《关雎》之乱[②]，洋洋乎[①]盈耳哉！"

【注释】

①师挚之始：师挚是鲁国的太师。"始"是乐曲的开端，即序曲。古代奏乐，开端叫"升歌"，一般由太师演奏，师挚是太师，所以这里说是"师挚之始"。

②《关雎》之乱："始"是乐曲的开端，"乱"是乐曲的终了。"乱"是合奏乐。此时奏《关雎》乐章，所以叫"《关雎》之乱"。

【译文】

孔子说："当鲁国的太师开始演奏音乐的时候，到演奏《关雎》的最后一章，满耳都是美妙的音乐。"

【原文】

子曰："狂[①]而不直，侗[②]而不愿[③]，悾悾[④]而不信，吾不知之矣。”

【注释】

①狂：急躁、急进。

②侗：幼稚无知。

③愿：谨慎、小心、朴实。

④悾悾：同空，诚恳的样子。

【译文】

孔子说：“狂妄而不直率，幼稚而不老实，没有才能而又不讲信用，这种人我不知道该怎么办呀！”

【评析】

“狂而不直，侗而不愿，悾悾而不信”都不是好的道德品质，孔子对此十分反感。这是因为，这几种品质不符合中庸的基本原则，也不符合儒家一贯倡导的“温、良、恭、俭、让”和“仁、义、礼、智、信”的要求。所以孔子说：“我真不知道有人会这样。

【原文】

子曰：“学如不及，犹恐失之。”

【译文】

孔子说：“学习要有怕来不及的心情，学到了的又总害怕再失去。”

【评析】

本章是讲学习态度的问题。孔子自己对学习知识的要求十分强烈，他也同时这样要求他的学生。这“学如不及，犹恐失之”，其实就是“学而不厌”一句最好的注脚。

【原文】

子曰：“巍巍[1]乎，舜禹[2]之有天下也而不与[3]焉！”

【注释】

①巍巍：崇高、高大的样子。

②舜禹：舜是传说中的圣君明主。禹是夏朝的第一个国君。传说古时代，尧禅位给舜，舜后来又禅位给禹。

③与：参与、相关的意思。

【译文】

孔子说：“崇高啊，舜和禹拥有天下却不为自己享受。”

【评析】

这里孔子所讲的话，应该有所指。当时社会混乱，政局动荡，弑君、篡位者屡见不鲜。孔子赞颂传说时代的“舜、禹”，表明对古时禅让制的认同，他借称颂舜禹，抨击现实中的这些问题。

【原文】

子曰：“大哉尧[①]之为君也！巍巍乎！唯天为大，唯尧则[②]之。荡荡[③]乎，民无能名[④]焉。巍巍乎其有成功也，焕[⑤]乎其有文章！”

【注释】

①尧：中国古代传说中的圣君。

②则：效法、为准。

③荡荡：广大的样子。

④名：形容、称说、称赞。

⑤焕：光辉。

【译文】

孔子说：“伟大啊，尧做君主！真是崇高啊！只有天最高大，只有尧能够比得上。他的恩德广博啊，百姓不知道怎样称赞他。他的功绩太崇高了，他的礼乐制度也焕发着光彩。”

【评析】

尧是中国传说时代的圣君。孔子在这里用极美好的语言称赞尧，尤其对他的礼仪制度愈加赞美，表达了他对古代先王的崇敬心情。

【原文】

舜有臣五人①而天下治。武王曰：“予有乱臣②十人。”孔子曰：“才难，不其然乎？唐虞之际③，于斯④为盛。有妇人焉⑤，九人而已。三分天下有其二⑥，以服事殷。周之德，其可谓至德也已矣。”

【注释】

①舜有臣五人：传说是禹、稷、契、皋陶、伯益等人。

②乱臣：据《说文》：“乱，治也。”此处所说的“乱臣”，应为“治国之臣”。

③唐虞之际：传说尧在位的时代叫唐，舜在位的时代叫虞。

④斯：指周武王时期。

⑤有妇人焉：指武王的乱臣十人中有武王之妻邑姜。

⑥三分天下有其二：《逸周书·程典篇》说：“文王令九州之侯，奉勤于商”。相传当时分九州，文王得六州，是三分之二。

【译文】

舜有五位贤臣就把天下治理好了。武王说：“我有能治理天下的臣子十人。”孔子说：“人才难得呀，不是这样吗？唐尧和虞舜时期，人才最兴盛。武王说的十人中有一个妇人，实际上只是九人罢了。周文王得到天下的三分之二，仍然服侍殷王。周朝的仁德，可以称得上是最高的仁德了。”

【评析】

这段当中，孔子提出了一个重要问题，就是治理天下，必须有人才，而人才是十分难得的。有了人才，国家就可以得到治理，天下就可以太平。当然，这并不就证明孔子的“英雄史观”，因为在历史发展过程中，杰出人物的确发挥了不可低估的巨大作用，这与人民群众的作用，都应该是不可忽视的。

【原文】

子曰："禹，吾无间[①]然矣。菲[②]饮食而致孝乎鬼神，恶衣服而致[③]美乎黻冕[④]，卑[⑤]宫室而尽力乎沟洫[⑥]。禹，吾无间然矣。"

【注释】

①间：空隙的意思。此处用做动词。

②菲：菲薄，不丰厚。

③致：致力、努力。

④黻冕：（音 ），祭祀时穿的礼服叫黻；祭祀时戴的帽子叫冕。

⑤卑：低矮。

⑥沟洫：洫，沟渠。

【译文】

孔子说："禹，我没什么可指责他的了。他吃的很坏却很丰厚地孝敬鬼神，他穿着很坏的衣服却把祭服做得很华美，他住着矮小的房屋却全力去疏通沟渠水利。禹，我对他没什么可指责的了。"

【评析】

以上这几章，孔子对于尧、舜、禹给予高度评价，认为在他们的时代，一切都很完善，为君者生活简朴，孝敬鬼神，是执政者的榜样，而当今不少人拼命追逐权力、地位和财富，而把人民的生活和国家的富强放在了次要的位置，以古喻今，孔子是在向统治者提出警告。

子罕篇第九

《子罕》篇共包括31章。其中著名的文句有："出则事公卿，入则事父兄"；"后生可畏，焉知来者之不如今也"；"三军可夺帅，匹夫不可夺志也"；"岁寒然后知松柏之后彫也"；"知者不惑，仁者不忧，勇者不惧"。本篇涉及孔子的道德教育思想；孔子弟子对其师的议论；此外，还记述了孔子的某些活动。

【原文】

子罕①言利与命，与②仁。

【注释】

①罕：稀少，很少。

②与：赞同、肯定。

【译文】

孔子很少谈到功利和天命，只赞许仁德。

【评析】

“子罕言利”，说明孔子对“利”的轻视。在《论语》书中，我们也多处见到他谈“利”的问题，但基本上主张“先义后利”“重义轻利”，可以说孔子很少谈“利”。此外，本章说孔子赞同“命”和“仁”，表明孔子对此是十分重视的。孔子讲“命”，常将“命”与“天”相连，即“天命”，这是孔子思想中的一个组成部分。孔子还讲“仁”，这里其思想的核心。对此，我们在前面的章节中也已评论，请参阅。

【原文】

达巷党人[①]曰：“大哉孔子！博学而无所成名[②]。”子闻之，谓门弟子曰：“吾何执？执御乎？执射乎？吾执御矣。”

【注释】

①达巷党人：古代五百家为一党，达巷是党名。这是说达巷党这地方的人。

②博学而无所成名：学问渊博，因而不能以某一方面来称道他。

【译文】

达巷中的一个人说："伟大啊孔子！他学问广博却没有成名的专长。"孔子听了这话，对他的学生们说："我干什么呢？赶车吗？当射手吗？我还是赶车吧。"

【评析】

对于本章里"博学而无所成名一句"的解释还有一种，即"学问广博，可惜没有一技之长以成名。"持此说的人认为，孔子表面上伟大，但实际上算不上博学多识，他什么都懂，什么都不精。对此说，我们觉得似乎有些求全责备之嫌了。

【原文】

子曰："麻冕[①]，礼也；今也纯[②]，俭[③]，吾从众。拜下[④]，礼也；今拜乎上，泰[⑤]也。虽违众，吾从下。"

【注释】

①麻冕：麻布制成的礼帽。

②纯：丝绸，黑色的丝。

③俭：俭省，麻冕费工，用丝则俭省。

④拜下：大臣面见君主前，先在堂下跪拜，再到堂上跪拜。

⑤泰：这里指骄纵、傲慢。

【译文】

孔子说："用麻料做帽子，符合礼仪；现在大家都用丝料，这样节俭，我服从大家。在堂下叩头拜见君主，合乎礼仪；如今人们都在堂上拜见，这是傲慢。虽然违背大家的意愿，我还是主张在堂下拜见君主。"

【评析】

孔子赞同用比较俭省的黑绸帽代替用麻织的帽子这样一种做法，但反对在面君时只在堂上跪拜的做法，表明孔子不是顽固地坚持一切都要合乎于周礼的规定，而是在他认为的原则问题上坚持己见，不愿做出让步，因跪拜问题涉及"君主之防"的大问题，与戴帽子有根本的区别。

【原文】

子绝四—毋意①，毋必②，毋固③，毋我④。

【注释】

①意：同臆，猜想、猜疑。

②必：必定。

③固：固执己见。

④我：这里指自私之心。

【译文】

孔子杜绝了四种毛病—不主观臆测，不绝对肯定，不固执己见，不自以为是。

【评析】

“绝四”是孔子的一大特点，这涉及人的道德观念和价值观念。人只有首先做到这几点才可以完善道德，修养高尚的人格。

【原文】

子畏于匡[①]，曰：“文王[②]既没，文不在兹[③]乎？天之将丧斯文也，后死者[④]不得与[⑤]于斯文也；天之未丧斯文也，匡人其如予何[⑥]？”

【注释】

①畏于匡：匡，地名，在今河南省长垣县西南。畏，受到威胁。公元前496年，孔子从卫国到陈国去经过匡地。匡人曾受到鲁国阳虎的掠夺和残杀。孔子的相貌与阳虎相像，匡人误以孔子就是阳虎，所以将他围困。

②文王：周文王，姓姬名昌，西周开国之君周武王的父亲，是孔子认为的古代圣贤之一。

③兹：这里，指孔子自己。

④后死者：孔子这里指自己。

⑤与：同“举”，这里是掌握的意思。

⑥如予何：奈我何，把我怎么样。

【译文】

孔子被匡地的人囚禁了，他说：“周文王死了以后，文化典籍不都在我这儿吗？天如果要消灭周的文化，那么我也就不会掌握这些文化了；既然天不想丧失这些文化，那匡地的人又能把我怎么样呢？”

【评析】

外出游说时被围困，这对孔子来讲已不是第一次，当然这次是误会。但孔子有自己坚定的信念，他强调个人的主观能动作用，认为自己是周文化的继承者和传播者。不过，当孔子屡遭困厄时，他也感到人力的局限性，而把决定作用归之于天，表明他对“天命”的认可。

【原文】

太宰[①]问于子贡曰：“夫子圣者与？何其多能也？”子贡曰：“固天纵[②]之将圣，又多能也。”子闻之，曰：“太宰知我乎！吾少也贱，故多能鄙事[③]。君子多乎哉？不多也。”

【注释】

①太宰：官名，掌握国君宫廷事务。这里的太宰，有人说是吴国的太宰伯，但不能确认。

②纵：让，使，不加限量。

③鄙事：卑贱的事情。

【译文】

太宰向子贡问道：孔夫子是圣人吗？他为什么这样多才多艺呢？”子贡回答说：“这固然是天使他成为圣人，而且又多才多艺。”孔子听到后，说：“太宰了解我吗？我小时候很贫贱，所以学会了很多低级的技能。

君子会有这么多的技能吗？不会多的。”

【评析】

作为孔子的学生，子贡认为自己的老师是天才，是上天赋予他多才多艺的。但孔子这里否认了这一点。他说自己少年低贱，要谋生，就要多掌握一些技艺，这表明，当时孔子并不承认自己是圣人。

【原文】

牢曰[①]：“子云：‘吾不试[②]，故艺。’”

【注释】

①牢：郑玄说此人系孔子的学生，但在《史记·仲尼弟子列传》中未见此人。

②试：用，被任用。

【译文】

孔子的弟子牢说：“孔子说：‘我没有被国家重用，所以多学一点技艺。’”

【评析】

这一章与上一章的内容相关联，同样用来说明孔子

“我非生而知之”的思想。他不认为自己是“圣人”，也不承认自己是“天才”，他说他的多才多艺是由于年轻时没有去做官，生活比较清贫，所以掌握了这许多的谋生技艺。

【原文】

子曰：“吾有知乎哉？无知也。有鄙夫①问于我，空空如也②。我叩③其两端④而竭⑤焉。”

【注释】

①鄙夫：孔子称乡下人、社会下层的人。

②空空如也：指孔子自己心中空空无知。

③叩：叩问、询问。

④两端：两头，指正反、始终、上下方面。

⑤竭：穷尽、尽力追究。

【译文】

孔子说：“我有知识吗？没有知识。有一个农民向我问，我什么也不知道。我从他问的事情的始末尽量地回答他。”

【评析】

孔子本人并不是高傲自大的人。事实也是如此。人不可能对世间所有事情都十分精通，因为人的精力毕竟是有限的。但孔子有一个分析问题、解决问题的基本方法，这就是“叩其两端而竭”，只要抓住问题的两个极端，就能求得问题的解决。这种方法，体现了儒家的中庸思想，是一种十分有意义的思想方法。

【原文】

子曰：“凤鸟[①]不至，河不出图[②]，吾已矣夫！”

【注释】

①凤鸟：古代传说中的一种神鸟。传说凤鸟在舜和周文王时代都出现过，它的出现象征着“圣王”将要出世。

②河不出图：传说在上古伏羲氏时代，黄河中有龙马背负八卦图而出。它的出现也象征着“圣王”将要出世。

【译文】

孔子说：“神鸟凤凰没有飞来，黄河也没有图画出来，我也将要完了吧！”

【评析】

孔子为了恢复礼制而辛苦奔波了一生。到了晚年，他看到周礼的恢复似乎已经成为泡影，于是发出了以上的哀叹。从这几句话来看，孔子到了晚年，他头脑中的宗教迷信思想比以前更为严重。

【原文】

子见齐衰①者、冕衣裳者②与瞽③者，见之，虽少，必作④；过之，必趋⑤。

【注释】

①齐衰：丧服，古时用麻布制成。

②冕衣裳者：冕，官帽；衣，上衣；裳，下服，这里统指官服。冕衣裳者指贵族。

③瞽：盲。

④作：站起来，表示敬意。

⑤趋：快步走，表示敬意。

【译文】

孔子看见穿丧服的人，戴着礼帽穿着礼服和瞎了眼睛的人，相见时，他们虽然年轻，但孔子一定站起来；从他们前面过，也一定快步走过去。

【评析】

孔子对于周礼十分熟悉，他知道遇到什么人该行什么礼，对于尊贵者、家有丧事者和盲者，都应礼貌待之。孔子之所以这样做，也说明他极其尊崇“礼”，并尽量身体力行，以恢复礼治的理想社会。

【原文】

颜渊喟[①]然叹曰：“仰之弥[②]高，钻[③]之弥坚。瞻[④]之在前，忽焉在后。夫子循循然善诱人[⑤]，博我以文，约我以礼，欲罢不能。既竭吾才，如有所立卓尔[⑥]。虽欲从之，末由[⑦]也已。”

【注释】

①喟：叹息的样子。

②弥：更加，越发。

③钻：钻研。

④瞻：视、看。

⑤循循然善诱人：循循然，有次序地。诱，劝导，引导。

⑥卓尔：高大、超群的样子。

⑦末由：末，无、没有。由，途径，路径。这里是没有办法的意思。

【译文】

颜渊感慨地叹息说："老师的学问和仁德，仰望它愈益觉得高深莫测，钻研它愈益觉得坚不可破。看看似乎在前面，忽然又觉得在后面。老师善于一步步引导我们，用文化典籍开阔我们，用礼仪制度来约束我们，想停止不学都不可能。我已经竭尽了我的能力，好像有所成就独立站立。虽然想像老师那样去做，可是又不知道从哪入手了。"

【原文】

子疾病，子路使门人为臣[①]。病间[②]，曰："久矣哉，由之行诈也！无臣而为有臣。吾谁欺？欺天乎？且予与其死于臣之手也，无宁[③]死于二三子之手乎！且予纵不得大葬[④]，予死于道路乎？"

【注释】

①为臣：臣，指家臣，总管。孔子当时不是大夫，没有家臣，但子路叫门人充当孔子的家臣，准备由此人负责总管安葬孔子之事。

②病间：病情减轻。

③无宁：宁可。“无”是发语词，没有意义。

④大葬：指大夫的葬礼。

【译文】

孔子得了重病，子路让孔子的学生做家臣，准备办理丧事。过了一段时间，病渐渐好了，孔子说：“仲由这种行为是欺骗呀！我没家臣变为有家臣来治丧。我欺骗谁呢？欺骗上天呀！况且我与其死在家臣手里，不如死在你们这些学生手里！况且我死后即使不能隆重地安葬，我还会死在路上吗？”

【评析】

儒家对于葬礼十分重视，尤其重视葬礼的等级规定。对于死去的人，要严格地按照周礼的有关规定加以埋葬。不同等级的人有不同的安葬仪式，违反了这种规定，就是大逆不道。孔子反对学生们按大夫之礼为他办理丧事，是为了恪守周礼的规定。

【原文】

子贡曰：“有美玉于斯，韫椟[①]而藏诸？求善贾[②]而沽[③]诸？”

子曰："沽之哉！沽之哉！我待贾者也。"

【注释】

①韫匵：收藏物件的柜子。

②善贾：识货的商人。

③沽：卖出去。

【译文】

子贡说："有一块美玉在这里，是把它放在匣子里藏起来呢，还是找一个识货的卖一个好价钱呢？"孔子说："卖了它！卖了它！我等待着卖个好价钱。"

【评析】

"待贾而沽"说明了这样一个问题，孔子自称是"待贾者"，他一方面四处游说，以宣传礼治天下为己任，期待着各国统治者能够行他之道于天下；另一方面，他也随时准备把自己推上治国之位，依靠政权的力量去推行礼。因此，本章反映了孔子求仕的心理。

【原文】

子欲居九夷[①]。或曰："陋[②]，如之何？"子曰："君子居之，何陋之有？”

【注释】

①九夷：中国古代对于东方少数民族的通称。

②陋：鄙野，文化闭塞，不开化。

【译文】

孔子要到九夷这个地方居住。有人说：“这个地方风俗鄙陋，怎么住呢？”孔子说：“君子住在那里，还有什么鄙陋的呢？”

【评析】

中国古代，中原地区的人把居住在东面的人们称为夷人，认为此地闭塞落后，当地人也愚昧不开化。孔子在回答某人的问题时说，只要有君子去这些地方住，传播文化知识，开化人们的愚蒙，那么这些地方就不会闭塞落后了。

【原文】

子曰：“吾自卫反鲁①，然后乐正②，《雅》《颂》③各得其所。”

【注释】

①自卫反鲁：公元前484年（鲁哀公十一年）冬，孔子从卫国返回鲁国，结束了14年游历不定的生活。

②乐正：调整乐曲的篇章。

③雅颂：这是《诗经》中两类不同的诗的名称。也是指雅乐、颂乐等乐曲名称。

【译文】

孔子说："我从卫国返回到鲁国，然后把乐章整理出来，《雅》乐和《颂》乐都各得适当的安排。"

【原文】

子曰："出则事公卿，入则事父兄，丧事不敢不勉，不为酒困，何有于我哉？"

【译文】

孔子说："在外服侍公卿，在家服侍父兄，办理丧事不敢不尽礼，不被酒肉所困扰，这些事我做得怎么样呢？"

【评析】

"出则事公卿"，是为国尽忠；"入则事父兄"，是为长辈尽孝。忠与孝是孔子特别强调的两个道德规范。它是对所有人的要求，而孔子本人就是这方面的身体力行者。在这里，孔子说自己已经基本上做到了这几点。

【原文】

子在川上曰[1]：逝者如斯夫！不舍昼夜。”

【译文】

孔子在河边感叹说：“时光的流逝就像这河水一样啊！日夜不停地流淌。”

【原文】

子曰：“吾未见好德如好色者也。”

【译文】

孔子说：“我没有见过喜好仁德像喜好美色一样的人。”

【原文】

子曰：“譬如为山，未成一篑[1]，止，吾止也。譬如平地，虽覆一篑，进，吾往也。”

【注释】

①篑：土筐。

【译文】

孔子说：“譬如堆土成山，还差一筐完成，就停止了，这是我自己停止的。譬如用土平地，虽然刚刚倒一筐土，但是坚持下去，我要坚持下去。”

【评析】

孔子在这里用堆土成山这一比喻，说明功亏一篑和持之以恒的深刻道理，他鼓励自己和学生们无论在学问和道德上，都应该是坚持不懈，自觉自愿。这对于立志有所作为的人来说，是十分重要的，也是对人的道德品质的塑造。

【原文】

子曰：“语之而不惰者，其回也与！”

【译文】

孔子说：“听我的话而始终不懈怠，大概只有颜回吧！”

【原文】

子谓颜渊，曰："惜乎！吾见其进也，未见其止也。"

【译文】

孔子谈到颜渊，说："可惜啊！我只看见他不断地进步，没有看见他停止过。"

【评析】

孔子的学生颜渊是一个十分勤奋刻苦的人，他在生活方面几乎没有什么要求，而是一心用在学问和道德修养方面。但他却不幸死了。对于他的死，孔子自然十分悲痛。他经常以颜渊为榜样要求其他学生。

【原文】

子曰："苗而不秀者有矣夫！秀[①]而不实者有矣夫！"

【注释】

①秀：稻、麦等庄稼吐穗扬花叫秀。

【译文】

孔子说："只长苗而不开花的庄稼有过吧！只开花

而不抽穗的庄稼有过吧！”

【评析】

这是孔子以庄稼的生长、开花到结果来比喻一个人从求学到做官的过程。有的人很有前途，但不能坚持始终，最终达不到目的。在这里，孔子还是希望他的学生既能勤奋学习，最终又能做官出仕。

【原文】

子曰：“后生可畏[①]，焉知来者之不如今也？四十、五十而无闻焉，斯亦不足畏也已。”

【译文】

孔子说：“年轻人是可畏的，怎么知道他将来赶不上现在呢？一个人到了四十、五十而没有名声，那他也就没什么可畏了。”

【评析】

这就是说“青出于蓝而胜于蓝”，“长江后浪推前浪，一代更比一代强”。社会在发展，人类在前进，后代一定会超过前人，这种今胜于昔的观念是正确的，说明孔子的思想并不完全是顽固守旧的。

【原文】

子曰："法语之言①，能无从乎？改之为贵。巽与之言②，能无说③乎？绎④之为贵。说而不绎，从而不改，吾未⑤如之何也已矣。"

【注释】

①法语之言：法，指礼仪规则。这里指以礼法规则正言规劝。

②巽与之言：巽，恭顺，谦逊。与，称许，赞许。这里指恭顺赞许的话。

③说："同"悦"。

④绎：原义为"抽丝"，这里指推究，追求，分析，鉴别。

⑤未：没有。

【译文】

孔子说："合乎礼仪准则的话，能不服从吗？改正错误了就是可贵的。迎合自己心愿的话，能不高兴吗？分析思考是可贵的。高兴而不思考，服从而不改正，我就不知道该怎么办了。”

【评析】

这里讲的第一层意见是言行一致的问题。听从那些符合礼法的话只是问题的一方面，而真正依照礼法的规定去改正自己的错误，才是问题的实质。第二层的意思是忠言逆耳，而顺耳之言的是非真伪，则应加以仔细辨别。对于孔子所讲的这两点，我们今天还应借鉴它，按照这样的原则去办事。

【原文】

子曰：“主忠信，毋友不如己者，过则勿惮改。”

【注释】

①此章重出，见《学而》篇第一之第8章。

【译文】

孔子说：“要以忠信为主，不要和不如自己的人交朋友，有了过错就不要怕改正。”

【原文】

子曰：“三军①可夺帅也，匹夫②不可夺志也。”

【注释】

①三军：12500人为一军，三军包括大国所有的军队。此处言其多。

②匹夫：平民百姓，主要指男子。

【译文】

孔子说："三军可以使它失去主帅，匹夫却不可能使他动摇自己的意志。"

【评析】

"理想"这个词，在孔子时代称为"志"，就是人的志向、志气。"匹夫不可夺志"，反映出孔子对于"志"的高度重视，甚至将它与三军之帅相比。对于一个人来讲，他有自己的独立人格，任何人都无权侵犯。作为个人，他应维护自己的尊严，不受威胁利诱，始终保持自己的"志向"。

【原文】

子曰："衣[①]敝缊袍[②]，与衣狐貉[③]者立，而不耻者，其由也与？'不忮不求[④]，何用不臧？'"子路终身诵之。子曰："是道也，何足以臧？”

【注释】

①衣：穿，当动词用。

②敝缊袍：敝，坏。缊，旧的丝棉絮。这里指破旧的丝棉袍。

③狐貉：用狐和貉的皮做的裘皮衣服。

④不忮不求，何用不臧：这两句见《诗经·邶风·雄雉》篇。忮，害的意思。臧，善，好。

【译文】

孔子说：“穿着破旧的丝绵袍子，和穿着狐貉裘的人站在一起，而却并不觉得羞耻的，大概只有仲由吧！这正如《诗经》上说的‘不嫉妒，不贪求，用到哪里不好？’”子路终身背诵这首诗。孔子说：“这个道理，怎么能够好上一辈子？”

【评析】

这一章记述了孔子对他的弟子子路先夸奖又批评的两段话。他希望子路不要满足于目前已经达到的水平，因为仅是不贪求、不嫉妒是不够的，还要有更高的更远的志向，成就一番大事业。

【原文】

子曰："岁寒，然后知松柏之后凋也。"

【译文】

孔子说："天气寒冷了，然后才能知道松柏是最后才凋落的。"

【评析】

孔子认为，人是要有骨气的。作为有远大志向的君子，他就像松柏那样，不会随波逐流，而且能够经受各种各样的严峻考验。孔子的话，语言简洁，寓意深刻，值得我们深入思考。

【原文】

子曰："知者不惑，仁者不忧，勇者不惧。"

【译文】

孔子说："明智的人不会被迷惑，仁德的人没有忧虑，勇敢的人无所畏惧。"

【评析】

在儒家传统道德中，智、仁、勇是重要的三个范畴。《礼记·中庸》说："知、仁、勇，三者天下之达德也。"孔子希望自己的学生能具备这三德，成为真正的君子。

【原文】

子曰："可与共学，未可与适道①；可与适道，未可与立②；可与立，未可与权③。"

【注释】

①适道：适，往。这里是志于道，追求道的意思。

②立：坚持道而不变。

③权：秤锤。这里引申为权衡轻重。

【译文】

孔子说："可以在一起学习的人，未必可以一同取得成就；可以一同取得成就，未必可以一起有所建树；可以有共同的建树，未必可以共同享有权势。"

【原文】

“唐棣[1]之华，偏其反而[2]。岂不尔思？室是远而[3]。”子曰：“未之思也，夫何远之有？”

【注释】

①唐棣：一种植物，属蔷薇科，落叶灌木。

②偏其反而：形容花摇动的样子。

③室是远而：只是住的地方太远了。

【译文】

“唐棣树的花，翩翩摇荡。哪里是我不思念？是家住得太遥远。”孔子说：“是没有去想念，哪里有什么遥远之说呢？”

乡党篇第十

《乡党》篇共27章，集中记载了孔子的容色言动、衣食住行，颂扬孔子是个一举一动都符合礼的正人君子。例如孔子在面见国君时、面见大夫时的态度；他出入于公门和出使别国时的表现，都显示出正直、仁德的品格。本篇中还记载了孔子日常生活的一些侧面，为人们全面了解孔子、研究孔子，提供了生动的素材。

【原文】

孔子于乡党，恂恂①如也，似不能言者，其在宗庙朝廷，便便②言，唯谨尔。

【注释】

①恂恂：温和恭顺。

②便便：辩，善于辞令。

【译文】

孔子在本乡地方上，非常恭顺谨慎，好像不能说话的样子。他在宗庙或朝廷里，便很善于讲话，只是很谨慎。

【原文】

朝，与下大夫言，侃侃[①]如也；与上大夫言，訚訚[②]如也。君在，踧踖[③]如也，与与[④]如也。

【注释】

①侃侃：说话理直气壮，不卑不亢，温和快乐的样子。

②訚訚：（音yín）正直，和颜悦色而又能直言诤辩。

③踧踖：（音cú jí）恭敬而不安的样子。

④与与：小心谨慎、威仪适中的样子。

【译文】

孔子上朝时，与下大夫说话，是从容不迫的样子；与上大夫说话，是态度和悦的样子。国君在场时，是局促不安、庄重严肃的样子。

【原文】

君召使摈[①]，色勃如也[②]，足躩[③]如也。揖所与立，左右手，衣前后，襜[④]如也。趋进，翼如也[⑤]。宾退，必复命曰："宾不顾矣。"

【注释】

①摈：动词，负责招待国君的官员。

②色勃如也：脸色立即庄重起来。

③足躩：躩，脚步快的样子。

④襜：整齐之貌。

⑤翼如也：如鸟儿展翅一样。

【译文】

鲁国国君召孔子去接待外国宾客，孔子面色矜持庄重，行走迅速。向左右站立的人拱手作揖，身着礼服，前后协调整齐。宾客来了以后，他趋步向前，像鸟展开翅膀。宾客告辞以后，他一定回报国君说：“宾客已经走远了。”

【原文】

入公门，鞠躬如[①]也，如不容。立不中门，行不履阈[②]。过位，色勃如也，足躩如也，其言似不足者。摄齐[③]升堂，鞠躬如也，屏气似不息者。出，降一等[④]，逞[⑤]颜色，怡怡如也。没阶[⑥]，趋进，翼如也。复其位，踧踖如也。

【注释】

①鞠躬如：谨慎而恭敬的样子。

②履阈：阈，门槛，脚踩门槛。

③摄齐：齐，衣服的下摆。摄，提起。提起衣服的下摆。

④降一等：从台阶上走下一级。

⑤逞：舒展开，松口气。

⑥没阶：走完了台阶。

【译文】

孔子走进朝廷的门，恭敬谨慎的样子，好像难以容身。不在朝廷中门站立，走路不踏门槛。经过君主的座位，面色矜持庄重，脚步加快，说话也好像气力不足。走上堂时提起衣服下摆，恭敬谨慎，屏住气好像不呼吸一样。走出朝廷门，走下一层台阶，脸色便放松些，神情舒展些。走完了最后一层台阶，便加快了脚步，像鸟展开翅膀。回到自己的位置，是恭敬而内心不安的样子。

【原文】

执圭[①]，鞠躬如也，如不胜。上如揖，下如授。勃如战色[②]；

足踧踖[3]如有循[4]。享礼[5]，有容色。私觌[6]，愉愉如也。

【注释】

①圭：一种上圆下方的玉器，举行典礼时，不同身份的人拿着不同的圭。出使邻国，大夫拿着圭作为代表君主的凭信。

②战色：战战兢兢的样子。

③踧踖：小步走路的样子。

④如有循：循，沿着。好像沿着一条直线往前走一样。

⑤享礼：享，献上。指向对方贡献礼物的仪式。使者受到接见后，接着举行献礼仪式。

⑥觌：会见。

【译文】

孔子行礼时，手里拿着圭，恭敬谨慎的样子，好像不能担负一样。向上举像在作揖，往下拿好像要交给别人。面色紧张战兢，脚步碎小而快，规规矩矩向前走去。献上礼物时，面色和善。以私人身份和外国使臣相见，则是轻松愉快的样子。

【评析】

以上集中记载了孔子在朝、在乡的言谈举止、音容笑貌，给人留下十分深刻的印象。孔子在不同的场合，对待不同的人，往往容貌、神态、言行都不同。他在家乡时，给人的印象是谦逊、和善的老实人；他在朝廷上，则态度恭敬而有威仪，不卑不亢，敢于讲话，他在国君面前，温和恭顺，局促不安，庄重严肃又诚惶诚恐。所有这些，为人们深入研究孔子，提供了具体的资料。

【原文】

君子不以绀緅饰①，红紫不以为亵服②。当暑，袗絺③，必表而出之④。缁衣⑤，羔裘⑥；素衣，麑⑦裘；黄衣，狐裘。亵裘长，短右袂⑧。必有寝衣⑨，长一身有半。狐貉之厚以居⑩。去丧，无所不佩。非帷裳⑪，必杀之⑫。羔裘玄冠⑬不以吊⑭。吉月⑮，必朝服而朝。

【注释】

①不以绀緅饰：绀，深青透红，斋戒时服装的颜色。緅，黑中透红，丧服的颜色。这里是说，不以深青透红或黑中透红的颜色布给平常穿的衣服镶上边作饰物。

②红紫不以为亵服：亵服，平时在家里穿的衣服。古人认为，红紫不是正色，便服不宜用红紫色。

③袗絺绤：袗绤，单衣。絺，细葛布。绤，粗葛布。这里是说，穿粗的或细的葛布单衣。

④必表而出之：把麻布单衣穿在外面，里面还要衬有内衣。

⑤缁衣：黑色的衣服。

⑥羔裘：羔皮衣。古代的羔裘都是黑羊皮，毛皮向外。

⑦麑：小鹿，白色。

⑧短右袂：袂，袖子。右袖短一点，是为了便于做事。

⑨寝衣：睡衣。

⑩狐貉之厚以居：狐貉之厚，厚毛的狐貉皮。居，坐。

⑪帷裳：上朝和祭祀时穿的礼服，用整幅布制作，不加以裁剪。折叠缝上。

⑫必杀之：一定要裁去多余的布。杀，裁。

⑬羔裘玄冠：黑色皮礼貌。

⑭不以吊：不用于丧事。

⑮吉月：每月初一。一说正月初一。

【译文】

孔子不用深青透红的颜色和绛红色镶衣领边；不用红色和紫色做居闲衣服。夏天，穿粗或细的葛布单衣，而且一定穿在外面。冬天穿羔皮袄配黑色罩衫；穿小鹿皮袄配白色罩衫；穿狐裘要配黄色罩衫。在家闲居时穿的皮袄长一些，右边的袖子短一些。睡觉要有小被，超过身体长度的一半。狐貉的厚毛做坐垫。除了丧服外，都要有佩带。不是上朝和祭祀时穿的衣服，一定要先裁去多余的布，省工省料。不穿羔皮袄和礼帽去吊丧。每到初一日，一定穿上朝服去朝拜。

【原文】

齐[①]，必有明衣[②]，布。齐必变食[③]，居必迁坐[④]。

【注释】

①齐：同斋。

②明衣：斋前沐浴后穿的浴衣。

③变食：改变平常的饮食。指不饮酒，不吃葱、蒜等有刺激味的东西。

④居必迁坐：指从内室迁到外室居住，不和妻妾同房。

【译文】

斋戒沐浴时一定要有洁净的衣服，而且是用布做的。斋戒时，要改变平常的饮食，卧室一定迁移到别处（不与妻同床）。

【原文】

食不厌精，脍[①]不厌细。食饐[②]而餲[③]，鱼馁[④]而肉败[⑤]，不食。色恶，不食。臭恶，不食。失饪[⑥]，不食。不时[⑦]，不食，割不正[⑧]，不食。不得其酱，不食。肉虽多，不使胜食气[⑨]。唯酒无量，不及乱[⑩]。沽酒市脯[⑪]，不食。不撤姜食，不多食。

【注释】

①脍：切细的鱼、肉。

②饐：陈旧。食物放置时间长了。

③餲：变味了。

④馁：鱼腐烂，这里指鱼不新鲜。

⑤败：肉腐烂，这里指肉不新鲜。

⑥饪：烹调制作饭菜。

⑦不时：应时，时鲜。

⑧割不正：肉切得不方正。

⑨气：同“饩”，即粮食。

⑩不及乱：乱，指酒醉。不到酒醉时。

⑪脯：熟肉干。

【译文】

米不嫌舂得精，鱼和肉不嫌切得细。饭放久了变味了，鱼肉腐烂了，不吃。颜色不正，不吃。气味难闻，不吃。烹调不当，不吃。不到该吃的时候，不吃。不按一定方法割肉，不吃。没有调味的酱醋，不吃。肉虽然多，但不吃过量。只有饮酒不限量，但不喝醉了。买来的酒和肉干不吃。做食物里面要有姜，但不多吃。

【原文】

祭于公，不宿肉①。祭肉②不出三日。出三日，不食之矣。

【注释】

①不宿肉：不使肉过夜。古代大夫参加国君祭祀以后，可以得到国君赐的祭肉。但祭祀活动一般要持续二三天，所以这些肉就已经不新鲜，不能再过夜了。超过三天，就不能再过夜了。

②祭肉：这是祭祀用的肉。

【译文】

参加国家的祭祀典礼，不把肉留到第二天。祭祀祖先的肉。

【评析】

以上4章里，记述了孔子的衣着和饮食习惯。孔子对“礼”的遵循，不仅表现在与国君和大夫们见面时的言谈举止和仪式，而且表现在衣着方面。他对祭祀时、服丧时和平时所穿的衣服都有不同的要求，如单衣、罩衣、麻衣、皮袍、睡衣、浴衣、礼服、便服等，都有不同的规定。在吃的方面，“食不厌精，脍不厌细”，而且对于食物，有八种他不吃。吃了，就有害于健康。

不超过三天。如果超过三天，就不吃了。

【原文】

食不语，寝不言。

【译文】

吃饭时不交谈，睡觉时不说话。

【原文】

虽疏食菜羹[①]，必祭[②]，必齐[③]如也。

【注释】

①菜羹：用菜做成的汤。

②瓜祭：古人在吃饭前，把席上各种食品分出少许，放在食具之间祭祖。

③齐：同斋。

【译文】

吃的虽然是粗米饭和菜汤，一定要先祭祭祖先，并且一定恭恭敬敬和正式斋戒一样。

【原文】

席[①]不正，不坐。

【注释】

①席：古代没有椅子和桌子，都坐在铺于地面的席子上。

【译文】

坐席不合礼制，不坐。

【原文】

乡人饮酒[①]，杖者[②]出，斯出矣。

【注释】

①乡人饮酒：指当时的乡饮酒礼。

②杖者：拿拐杖的人，指老年人。

【译文】

乡人举行饮酒礼，等老人出来后，孔子自己才出来。

【原文】

乡人傩[①]，朝服而立于阼阶[②]。

【注释】

①傩：古代迎神驱鬼的宗教仪式。

②阼阶：阼，东面的台阶。主人立在大堂东面的台阶，在这里欢迎客人。

【译文】

乡里人驱鬼迎神，孔子穿着朝服站在东边的台阶上。

【原文】

问[①]人于他邦，再拜而送之[②]。

【注释】

①问：问候。古代人在问候时往往要致送礼物。

②再拜而送之：在送别客人时，两次拜别。

【译文】

孔子派人到外邦去问候朋友，总是先拜两次然后送人上路。

【评析】

上面记载了孔子举止言谈的某些规矩或者习惯。他时时处处以正人君子的标准要求自己，使自己的言行尽量符合礼的规定。他认为，“礼”是至高无上的，是神圣不可侵犯的，那么，一投足、一举手都必须依照礼的原则。这一方面是孔子个人修养的具体反映，一方面也是他向学生们传授知识和仁德时所身体力行的。

【原文】

康子馈药，拜而受之。曰：“丘未达，不敢尝。”

【译文】

季康子给孔子送药，孔子拜谢后接受了。说：“我不了解药性，不敢服用。”

【原文】

厩焚。子退朝，曰：“伤人乎？”不问马。

【译文】

孔子的马棚失火了。孔子退朝回来，问道：“伤人了吗？”没有问马。

【评析】

孔子家里的马棚失火被烧掉了。当他听到这个消息后，首先问人有没有受伤。有人说，儒家学说是“人学”，这一条可以作佐证材料。他只问人，不问马，表明他重人不重财，十分关心下面的人。事实上，这是中国自古以来人道主义思想的发端。

【原文】

君赐食，必正席先尝之。君赐腥[①]，必熟而荐[②]之。君赐生，必畜之。侍食于君，君祭，先饭。

【注释】

①腥：牛肉。

②荐：供奉。

【译文】

国君赐给食物，孔子一定摆正座位自己先尝一尝。国君赐给生肉，孔子一定把肉煮熟了再进奉给祖先。国君赐给活的牲畜，孔子一定把它养起来。陪国君吃饭，国君先举行饭前的祭礼，孔子就先只吃饭不吃菜。

【评析】

古时候君主吃饭前，要有人先尝一尝，君主才吃。孔子对国君十分尊重。他在与国君吃饭时，都主动尝一下，表明他对礼的遵从。

【原文】

疾，君视之，东首①，加朝服，拖绅②。

【注释】

①东首：头朝东。

②绅：束在腰间的大带子。

【译文】

孔子生病了，国君来探望他，孔子便在病榻上头朝东，披上朝服，拖一条腰带，以表示敬意。

【评析】

孔子患了病，躺在床上，国君来探视他，他无法起身穿朝服，这似乎对国君不尊重，有违于礼，于是他就把朝服盖在身上。这反映出孔子即使在病榻上，也不会失礼于国君。

【原文】

君命召，不俟驾行矣。

【译文】

国君命令人召唤孔子，他不等车驾好自己先步行。

【原文】

入太庙，每事问。

【注释】

①此章重出。译文参见《八佾》篇第三之第15章。

【译文】

孔子进入太庙，每件事都要问一问。

【原文】

朋友[①]死，无所归，曰："于我殡[②]。"

【注释】

①朋友：指与孔子志同道合的人。

②殡：停放灵柩和埋葬都可以叫殡，这里是泛指丧葬事务。

【译文】

朋友死了，没有人殡葬，孔子说：“由我来料理殡葬的事吧！”

【原文】

朋友之馈，虽车马，非祭肉，不拜。

【译文】

朋友送的礼物，即使是车马，没有祭肉，孔子也不行拜礼。

【评析】

孔子把祭肉看得比车马还重要，这是为什么呢？因为祭肉关系到“孝”的问题。用肉祭祀祖先之后，这块肉就不仅仅是一块可以食用的东西了，而是对祖先尽孝的一个载体。

【原文】

寝不尸，居不客。

【译文】

孔子睡觉时不像尸体那样仰卧，平时在家闲居也不像客人那样端坐。

【原文】

见齐衰[①]者，虽狎[②]，必变。见冕者与瞽者[③]，虽亵[④]，必以貌。凶服[⑤]者式[⑥]之。式负版者[⑦]。有盛馔[⑧]，必变色而作[⑨]。迅雷风烈必变。

【注释】

①齐衰：指丧服。

②狎：亲近的意思。

③瞽者：盲人，指乐师。

④亵：常见、熟悉。

⑤凶服：丧服。

⑥式：同轼，古代车辆前部的横木。这里作动词用。遇见地位高的人或其他人时，驭手身子向前微俯，伏在横木上，以示尊敬或者同情。这在当时是一种礼节。

⑦负版者：背负国家图籍的人。当时无纸，用木版

来书写，故称“版”。

⑧馔：饮食。盛馔，盛大的宴席。

⑨作：站起来。

【译文】

孔子看见穿齐衰一类丧服的人，虽然关系很密切，也要改变态度，表现出哀伤。看见戴帽子的和盲人，虽然是平常相见，也很有礼貌。孔子在车上，看见穿丧服的人，就用手伏着车前横木，表示哀戚之情。看见有背负着国家图籍的人，也手伏横木表示敬意。有丰盛的酒席，一定神色庄重表示谢意。遇到疾风暴雨一定改变平常神态。

【原文】

升车，必正立，执绥[①]。车中，不内顾[②]，不疾言[③]，不亲指[④]。

【注释】

①绥：上车时扶手用的索带。

②内顾：回头看。

③疾言：大声说话。

④不亲指：不用自己的手指划。

【译文】

孔子上车时，一定先端正站好，手持拉绳。在车中，不向四处回顾，不高声说话，不指手画脚。

【评析】

以上这几章，讲的都是孔子如何遵从周礼的。在许多举动上，他都能按礼行事，对不同的人、不同的事、不同的环境，应该有什么表情、什么动作、什么语言，他都一丝不苟，准确而妥帖。所以，孔子的学生们在谈起这些时，津津乐道，极其佩服。

【原文】

色斯举矣①，翔而后集②。曰："山梁雌雉③，时哉时哉④！"子路共⑤之，三嗅而作⑥。

【注释】

①色斯举矣：色，脸色。举，鸟飞起来。

②翔而后集：飞翔一阵，然后落到树上。鸟群停在树上叫"集"。

③山梁雌雉：聚集在山梁上的母野鸡。

④时哉时哉：得其时呀！得其时呀！这是说野鸡时运好，能自由飞翔，自由落下。

⑤共：同“拱”。

⑥三嗅而作：嗅应为狊字之误。狊，鸟张开两翅。一本作“戛”字，鸟的长叫声。

【译文】

山鸡举起美丽的翅膀飞了起来，在天空盘旋一阵后落了下去。孔子说：“山顶上的雌雉啊，运气啊运气！”子路向它们拱拱手，它们又抖动翅膀飞走了。

【评析】

这里似乎是在游山观景，其实孔子是有感而发。他感到山谷里的野鸡能够自由飞翔，自由落下，这是“得其时”，而自己却不得其时，东奔西走，却没有获得普遍响应。因此，他看到野鸡时，神色动了一下，随之发出了这样的感叹。

先进篇第十一

《先进》篇共有26章，其中著名的文句有：“未能事人，焉能事鬼？”“未知生，焉知死”；“过犹不及”等。这一篇中包括孔子对弟子们的评价，并以此为例说明“过犹不及”的中庸思想；学习各种知识与日后做官的关系；孔子对待鬼神、生死问题的态度。最后一章里，孔子和他的学生们各述其志向，反映出孔子政治思想上的倾向。

【原文】

子曰：“先进①于礼乐，野人②也；后进③于礼乐，君子④也。如用之，则吾从先进。”

【注释】

①先进：指先学习礼乐而后再做官的人。

②野人：朴素粗鲁的人或指乡野平民。

③后进：先做官后学习礼乐的人。

④君子：这里指统治者。

【译文】

孔子说："先学习礼乐而做官的人，是平常人；先有官职而后学习礼乐的人，是卿大夫之类的人。如果让我选用人才，那我选用先学习礼乐的人。"

【评析】

在西周时期，人们因社会地位和居住地的不同，就有了贵族、平民和乡野之人的区分。孔子这里认为，那些先当官，即原来就有爵禄的人，在为官以前，没有接受礼乐知识的系统教育，还不知道怎样为官，便当上了官。这样的人是不可选用的。而那些本来没有爵禄的平民，他们在当官以前已经全面系统地学习了礼乐知识，然后就知道怎样为官，怎样当一个好官。

【原文】

子曰："从我于陈、蔡①者，皆不及门②也。"

【注释】

①陈、蔡：均为国名。

②不及门：门，这里指受教的场所。不及门，是说

不在跟前受教。

【译文】

孔子说："当初跟从我在陈国、蔡国的学生，现在都不在我门下了。"

【评析】

公元前489年，孔子和他的学生从陈国到蔡地去。途中，他们被陈国的人们所包围，绝粮7天，许多学生饿得不能行走。当时跟随他的学生有子路、子贡、颜渊等人。公元前484年，孔子回鲁国以后，子路、子贡等先后离开了他，颜回也死了。所以，孔子时常想念他们。这句话，就反映了孔子的这种心情。

【原文】

德行①：颜渊、闵子骞，冉伯牛，仲弓。言语②：宰我，子贡。政事③：冉有，季路。文学④：子游，子夏。

【注释】

①德行：指能实行孝悌、忠恕等道德。

②言语：指善于辞令，能办理外交。

③政事：指能从事政治事务。

④文学：指通晓诗书礼乐等古代文献。

【译文】

孔子的学生中，德行好的：有颜渊、闵子骞，冉伯牛，仲弓。口才好的：有宰我，子贡。能执掌政事的：有冉有，季路。能掌握文化典籍的：有子游，子夏。

【原文】

子曰："回也非助我者也，于吾言无所不说。"

【译文】

孔子说："颜回不是对我有所帮助的人，他对我的话没有不喜欢的。"

【评析】

颜回是孔子得意门生之一，在孔子面前始终是服服帖帖、毕恭毕敬的，对于孔子的学说深信不疑、全面接受。所以，孔子多次赞扬颜回。这里，孔子说颜回"非助我者"，并不是责备颜回，而是在得意地赞许他。

【原文】

子曰："孝哉闵子骞！人不间[1]于其父母昆[2]弟之言。"

【注释】

①间：非难、批评、挑剔。

②昆：哥哥，兄长。

【译文】

孔子说："孝顺啊！闵子骞！人们对他父母兄弟称赞他的话从没异议。"

【原文】

南容三复白圭[1]，孔子以其兄之子妻之。

【注释】

①白圭：白圭指《诗经·大雅·抑之》的诗句："白圭之玷，尚可磨也，斯兰之玷，不可为也"意思是白玉上的污点还可以磨掉，我们言论中有毛病，就无法挽回了。这是告诫人们要谨慎自己的言语。

【译文】

南容反复诵读《诗经·大雅·抑》篇中“白圭的污点可以磨掉；我们言语中的污点无法去掉”的几句话，孔子便把自己哥哥的女儿嫁给他做妻子。

【评析】

儒家从孔子开始，极力提倡“慎言”，不该说的话绝对不说。因为，白玉被玷污了，还可以把它磨去，而说错了的话，则无法挽回。希望人们言语要谨慎。这里，孔子把自己的侄女嫁给了南容，表明他很欣赏南容的慎言。

【原文】

季康子问：“弟子孰为好学？”孔子对曰：“有颜回者好学，不幸短命死矣，今也则亡。”

【译文】

季康子问道：“弟子中谁最爱学习？”孔子回答说：“有一个叫颜回的最爱学习，不幸他短命已经死了，现在就没有这样的人了。”

【原文】

颜渊死，颜路[①]请子之车以为之椁[②]。子曰："才不才，亦各言其子也。鲤[③]也死，有棺而无椁。吾不徒行以为之椁。以吾从大夫之后[④]，不可徒行也。"

【注释】

①颜路："颜无繇（ ），字路，颜渊的父亲，也是孔子的学生，生于公元前545年。

②椁：古人所用棺材，内为棺，外为椁。

③鲤：孔子的儿子，字伯鲁，死时50岁，孔子70岁。

④从大夫之后：跟随在大夫们的后面，意即当过大夫。孔子在鲁国曾任司寇，是大夫一级的官员。

【译文】

颜渊死了，他的父亲颜路请求孔子卖了车给颜渊买外棺。孔子说："有没有才，也都是自己的孩子。我儿子孔鲤死了，只有内棺而无外棺。我不能不要车子步行来给颜渊买外棺。我曾经做过大夫，是不能步行的。"

【评析】

颜渊是孔子的得意门生。孔子多次高度称赞颜渊，认为他有很好的品德，又好学上进。颜渊死了，他的父亲颜路请孔子卖掉自己的车子，给颜渊买椁。尽管孔子十分悲痛，但他却不愿意卖掉车子。因为他曾经担任过大夫一级的官员，而大夫必须有自己的车子，不能步行，否则就违背了礼的规定。这一章反映了孔子对礼的严谨态度。

【原文】

颜渊死。子曰：“噫！天丧予！天丧予！”

【译文】

颜渊死了。孔子说：“唉！是天使我失去他！是天使我失去他！”

【原文】

颜渊死，子哭之恸[①]。从者曰：“子恸矣！”曰：“有恸乎？非夫[②]人之为恸而谁为？”

【注释】

①恸：哀伤过度，过于悲痛。

②夫：指示代词，此处指颜渊。

【译文】

颜渊死了，孔子哭得很伤心。跟从孔子的人说：“您太悲伤了！”孔子说：“太悲伤了吗？不为这样的人悲伤那为谁悲伤呢？”

【原文】

颜渊死，门人欲厚葬[①]之。子曰：“不可。”门人厚葬之。子曰：“回也视予犹父也[②]，予不得视犹子也。非我也，夫[③]二三子也。”

【注释】

①厚葬：隆重地安葬。

②予不得视犹子也：我不能把他当亲生儿子一样看待。

③夫：语助词。

【译文】

颜渊死了，孔子的学生想丰厚地埋葬他。孔子说："不行。"学生们仍然很丰厚地埋葬了颜渊。孔子说："颜回，对我像对父亲一样，我却不能像对儿子一样对你。这不是我，是你的同学们要这么做的呀！"

【评析】

孔子说："予不得视犹子也。"这句话的意思是，不能像对待自己亲生的儿子那样，按照礼的规定，对他予以安葬。他的学生仍隆重地埋葬了颜渊，孔子说，这不是自己的过错，而是学生们做的。这仍是表明孔子遵从礼的原则，即使是在厚葬颜渊的问题上，仍是如此。

【原文】

季路问事鬼神。子曰："未能事人，焉能事鬼？"曰："敢问死。"曰："未知生，焉知死？"

【译文】

子路问侍奉鬼神的问题。孔子说："不能很好地侍奉活人，怎能去侍奉鬼神？"子路又说："请问死是怎么回事？”孔子说：“还没有弄明白生的问题，怎么能了解死的事呢？”

【评析】

孔子这里讲的“事人”，指事奉君父。在君父活着的时候，如果不能尽忠尽孝，君父死后也就谈不上孝敬鬼神，他希望人们能够忠君孝父。本章表明了孔子在鬼神、生死问题上的基本态度，他不信鬼神，也不把注意力放在来世，或死后的情形上，在君父生前要尽忠尽孝，至于对待鬼神就不必多提了。这一章为他所说的“敬鬼神而远之”做了注脚。

【原文】

闵子侍侧，訚訚①如也；子路，行行②如也；冉有、子贡，侃侃③如也。子乐。“若由也，不得其死然。”

【注释】

①訚訚：和颜悦色的样子。

②行行：刚强的样子。

③侃侃：说话理直气壮。

【译文】

闵子骞站在孔子身边，态度和悦的样子；子路，刚强的样子；冉有、子贡，从容不迫的样子。孔子高兴了，说："像仲由这样的人，怕不能得到善终。"

【评析】

子路这个人有勇无谋，尽管他非常刚强。孔子一方面为他的这些学生各有特长而高兴，但又担心子路，唯恐他不会有好的结果。师之爱生，人之常情。孔子的这种担心，就说明了这一点。

【原文】

鲁人①为长府②。闵子骞曰："仍旧贯③，如之何？何必改作？"子曰："夫人④不言，言必有中③。"

【注释】

①鲁人：这里指鲁国的当权者。这就是人和民的区别。

②为长府：为，这里是改建的意思。藏财货、兵器等的仓库叫"府"，长府是鲁国的国库名。

③仍旧贯：贯：事，例。沿袭老样子。

④夫人：夫，这个人。

【译文】

鲁国的人要修建府库。闵子骞说："照老样子修，怎么样？为什么一定要改建呢？"孔子说："这人平时不大说话，说话就一定符合情理。"

【原文】

子曰："由之瑟[①]奚为于丘之门[②]？"门人不敬子路。子曰："由也升堂矣，未入于室[③]也。"

【注释】

①瑟：一种古乐器，与古琴相似。

②奚为于丘之门：奚，为什么。为，弹。为什么在我这里弹呢?

③升堂入室：堂是正厅，室是内室，用以形容学习程度的深浅。

【译文】

孔子说："仲由鼓瑟为什么到我这里来？"学生们

不敬重子路。孔子说：“仲由学问已经入门了，只是还没达到精通。”

【评析】

这一段文字记载了孔子对子路的评价。他先是用责备的口气批评子路，当其他门人都不尊敬子路时，他便改口说子路已经登堂尚未入室。这是就演奏乐器而言的。孔子对学生的态度应该讲是比较客观的，有成绩就表扬，有过错就反对，让学生认识到自己的不足，同时又树立起信心，争取更大的成绩。

【原文】

子贡问：“师与商[①]也孰贤？”子曰：“师也过，商也不及。”曰：“然则师愈[②]与？”子曰：“过犹不及。”

【注释】

①师与商：师，颛孙师，即子张。商，卜商，即子夏。

②愈：胜过，强些。

【译文】

子贡问：“颛孙师和卜商比较谁更贤呢？”孔子说：

"颛孙师太过，卜商还不够。"子贡说："这么说颛孙师更好一些了？"孔子说："过和不够是一样的。"

【评析】

"过犹不及"即中庸思想的具体说明。《中庸》说，过犹不及为中。"道之不行也，我知之矣。知者过之，愚者不及也。道之不明也，我知之矣。贤者过之，不肖者不及也。""执其两端，用其中于民，其斯以为舜乎？"这是说，舜于两端取其中，既非过，也非不及，以中道教化百姓，所以为大圣。这就是对本章孔子"过犹不及"的具体解释。既然子张做得过分、子夏做得不足，那么两人都不好，所以孔子对此二人的评价就是："过犹不及"。

【原文】

季氏富于周公①，而求也为之聚敛②而附益③之。子曰："非吾徒也。小子鸣鼓而攻之，可也。"

【注释】

①季氏富于周公：季氏比周朝的公侯还要富有。

②聚敛：积聚和收集钱财，即搜刮。

③益：增加。

【译文】

季氏比周公富裕，而冉求还为他搜刮积聚更多的财富。孔子说："这不是我的学生。学生们你们大张旗鼓地攻击他好了。"

【评析】

鲁国的三家曾于公元前562年将公室，即鲁国国君直辖的土地和附属于土地上的奴隶瓜分，季氏分得三分之一，并用封建的剥削方式取代了奴隶制的剥削方式。公元前537年，三家第二次瓜分公室，季氏分得四分之二。由于季氏推行了新的政治和经济措施，所以很快富了起来。孔子的学生冉求帮助季氏积敛钱财，搜刮人民，所以孔子很生气，表示不承认冉求是自己的学生，而且让其他学生打着鼓去声讨冉求。

【原文】

柴①也愚②，参也鲁③，师也辟④，由也喭⑤。

【注释】

①柴：高柴，字子羔，孔子学生，比孔子小30岁，

公元前521年出生。

②愚：旧注云：愚直之愚，指愚而耿直，不是傻的意思。

③鲁：迟钝。

④辟：偏，偏激，邪。

⑤喭：鲁莽，粗鲁，刚猛。

【译文】

高柴愚昧，曾参笨拙，颛孙师偏激，仲由鲁莽。

【评析】

孔子认为，他的这些学生各有所偏，不合中行，对他们的品质和德行必须加以纠正。这一段同样表达了孔子的中庸思想。中庸是一种折中调和思想，调和与折中是事物发展过程中的一种状态，这种状态是相对的、暂时的。孔子揭示了事物发展过程的这一状态，并概括为“中庸”，这在中国古代认识史上是有贡献的。

【原文】

子曰：“回也其庶①乎，屡空②。赐不受命，而货殖③焉，臆④则屡中。”

【注释】

①庶：庶几，相近。这里指颜渊的学问道德接近于完善。

②空：贫困、匮乏。

③货殖：做买卖。

④亿：同“臆”，猜测，估计。

【译文】

孔子说：“颜回学问差不多了，但常常是家里困顿。端木赐不安天命，去投机经商，猜测行情常常中的。”

【评析】

这一章，孔子对颜回学问道德接近于完善却在生活上常常贫困深感遗憾。同时，他对子贡不听命运的安排去经商致富反而感到不满，这在孔子看来，是极其不公正的。

【原文】

子张问善人[①]之道。子曰：“不践迹[②]，亦不入于室[③]。”

【注释】

①善人：指本质善良但没有经过学习的人。

②践迹：迹，脚印。踩着前人的脚印走。

③入于室：比喻学问和修养达到了精深地步。

【译文】

子张问善人之道是什么。孔子说："不踩着别人的脚印走，但学问修养也很难深入。"

【原文】

子曰："论笃是与[①]，君子者乎？色庄者乎？"

【注释】

①论笃是与：论，言论。笃，诚恳。与，赞许。意思是对说话笃实诚恳的人表示赞许。

【译文】

孔子说："言论笃实的人总会受到赞许，他们是君子呢，还是表面庄重的人呢？"

【评析】

孔子希望他的学生们不但要说话笃实诚恳，而且要言行一致。在第五篇第十章中曾有“听其言而观其行”的说法，表明孔子在观察别人的时候，不仅要看他说话时诚恳的态度，而且要看他的行动。言行一致才是真君子。

【原文】

子路问：“闻斯行诸[①]？”子曰：“有父兄在，如之何其闻斯行之？”冉有问：“闻斯行诸？”子曰：“闻斯行之。”公西华曰：“由也问闻斯行诸，子曰：‘有父兄在。’求也问闻斯行诸，子曰：‘闻斯行之。’赤也惑，敢问。”子曰：“求也退，故进之；由也兼人[②]，故退之。”

【注释】

①诸：“之乎”二字的合音。

②兼人：好勇过人。

【译文】

子路问：“什么事听到就做吗？”孔子说：“有父亲和哥哥在，怎么能听到就干呢？”冉有问：“听到就做吗？”孔子说：“听到了就做。”公西华说：“子路问您听到了就做吗？您说：“‘有父亲哥哥活着，不能这样做。’冉有也问您听到就做吗？您说：“‘听到了就做。’我糊涂了，我大胆问问为什么？”孔子说：“冉有做事总是退缩不前，所以我鼓励他大胆做；子路胆大好胜，所以我要让他退一退。”

【评析】

这是孔子把中庸思想贯穿于教育实践中的一个具体事例。在这里，他要自己的学生不要退缩，也不要过头冒进，要进退适中。所以，对于同一个问题，孔子针对子路与冉求的不同情况作了不同回答。同时也生动地反映了孔子教育方法的一个特点，即因材施教。

【原文】

子畏于匡，颜渊后。子曰：“吾以女为死矣。”曰：“子在，回何敢死？”

【译文】

孔子被囚禁在匡地，颜渊后来才到。孔子说：“我以为你已经死了。”颜渊说：“您还活着，我怎么敢去死呢？”

【原文】

季子然[1]问："仲由、冉求可谓大臣与？"子曰："吾以子为异之问，曾[2]由与求之问。所谓大臣者，以道事君，不可则止。今由与求也，可谓具臣[3]矣。"曰："然则从之[4]者与？"子曰："弑父与君，亦不从也。"

【注释】

①季子然：鲁国季氏的同族人。

②曾：乃。

③具臣：普通的臣子。

④之：代名词，这里指季氏。当时冉求和子路都是季氏的家臣。

【译文】

季子然问："仲由、冉求可以称得上是大臣吗？"孔子说："我以为你问的是别人，竟是仲由与冉求啊。可以称得上大臣的，是用仁道来侍奉君主，如果不能实行仁道，宁可辞职不干。如今仲由和冉求呀，可以说是具备臣子的条件吧！"季子然又问："这么说他们应该听从君主的了？"孔子说："谋杀父亲与君主的事，是不能听从的。”

【评析】

孔子这里指出“以道事君”的原则，他告诫冉求和子路应当用周公之道去规劝季氏，不要犯上作乱，如果季氏不听，就辞职不干。由此可见，孔子对待君臣关系以道和礼为准绳的。这里，他既要求臣，也要求君，双方都应遵循道和礼。如果季氏干杀父杀君的事，冉求和子路就要加以反对。

【原文】

子路使子羔为费宰。子曰：“贼[①]夫人之子[②]。”子路曰：“有民人焉，有社稷[③]焉，何必读书，然后为学？”子曰：“是故恶夫佞者。”

【注释】

①贼：害。

②夫人之子：指子羔。孔子认为他没有经过很好的学习就去从政，这会害了他自己的。

③社稷：社，土地神。稷，谷神。这里“社稷”指祭祀土地神和谷神的地方，即社稷坛。古代国都及各地

都设立社稷坛，分别由国君和地方长官主祭，故社稷成为国家政权的象征。

【译文】

子路让子羔做费地方的长官。孔子说："这是害了子羔这个人。"子路说："那里有百姓，有土地，为什么非要读书呢？"孔子说："正因为这样我才讨厌你们这些能言善辩的人。"

【原文】

子路、曾皙①、冉有、公西华侍坐。子曰："以吾一日长乎尔，毋吾以也②。居③则曰："'不吾知也！'如或知尔，则何以哉④？"子路率尔⑤而对曰："千乘之国，摄⑥乎大国之间，加之以师旅，因之以饥馑；由也为之，比及⑦三年，可使有勇，且知方⑧也。"夫子哂⑨之。"求！尔何如？"对曰："方六七十⑩，如⑪五六十，求也为之，比及三年，可使足民。如其礼乐，以俟君子。""赤！尔何如？"对曰："非曰能之，愿学焉。宗庙之事⑫，如会同⑬，端章甫⑭，愿为小相⑮焉。"

"点！尔何如？"鼓瑟希⑯，铿尔，舍瑟而作⑰，对曰："异乎三子者之撰。"子曰："何伤乎？亦各言其志也。"曰："莫⑱春者，春服既成，冠者⑲五六人，童子六七人，浴乎沂⑳，风乎舞雩[21]，而归。”夫子喟然叹曰：“吾与点也！”

三子者出，曾皙后。曾皙曰：“夫三子者之言何如？”子曰：“亦各言其志也已矣。”曰：“夫子何哂由也？”曰：“为国以礼，其言不让，是故哂之。”“唯[22]求则非邦也与？”“安见方六七十如五六十而非邦也者？”“唯赤则非邦也与？”“宗庙会同，非诸侯而何？赤也为之小，孰能为之大？”

【注释】

①曾皙：名点，字子皙，曾参的父亲，也是孔子的学生。

②以吾一日长乎尔，毋以也：虽然我比你们的年龄稍长一些，而不敢说话。

③居：平日。

④则何以哉：何以，即何以为用。

⑤率尔：轻率、急切。

⑥摄：迫于、夹于。

⑦比及：比，。等到。

⑧方：方向。

⑨哂：讥讽地微笑。

⑩方六七十：纵横各六七十里。

⑪如：或者。

⑫宗庙之事：指祭祀之事。

⑬会同：诸侯会见。

⑭）瑞章甫：端，古代礼服的名称。章甫，古代礼帽的名称。

⑮相：赞礼人，司仪。

⑯希：同“稀”，指弹瑟的速度放慢，节奏逐渐稀疏。

⑰作：站起来。

⑱莫：同“暮”。

⑲冠者：成年人。古代子弟到20岁时行冠礼，表示已经成年。

⑳浴乎沂：沂，水名，发源于山东南部，流经江苏北部入海。在水边洗头面手足。

㉑舞雩：雩，。地名，原是祭天求雨的地方，在今山东曲阜。

㉒唯：语首词，没有什么意义。

【译文】

子路、曾皙、冉有、公西华陪着孔子坐着。孔子说："因为我比你们年龄都大，已经没有人用我了。平常你们说：'没人了解我呀！'如果有人了解你们，你们准备干什么呢？"子路轻率地回答说："拥有千辆兵车的国家，被挟制在两个大国之间，外有军队侵犯，内有灾荒饥饿；让我去治理，不出三年，可以使百姓既有勇气，又懂得治国的道理。"夫子笑了笑。孔子又问："冉求，你怎么样？"冉求回答说："方圆六七十里或五六十里的小国家，让我去治理，不出三年，使百姓富足。至于礼乐之事，还要等待君子来做。""公西赤！你怎么样？"孔子又问。

公西赤回答说："不敢说我能做什么，我愿意学习。祭祀宗庙的事，或者同外国盟会的事，我愿意穿上礼服，戴上礼帽，做一名小相。"

"曾点！你怎么样？"曾点正在弹瑟，已经接近尾声，听到孔子问话，铿的一声把瑟放下，站起来回答说："我和他们三个人说的都不一样。"孔子说："那有什么妨碍？都是各谈自己的志向嘛！"曾点说："暮春时节，春天的服装已经做好，领着五六个成年人，带上六七个孩子，在沂水边沐浴，在舞雩台上任风吹拂，唱着歌一路归来。"孔子感慨地赞叹说："我赞同曾点的主张啊！"子路、冉有、公西华都出去了，曾皙留在后面。曾皙说：“那三个人谈得怎么样呢？”孔子说：“不过是都谈自己的志向罢了。”曾皙说：“那您为什么要笑仲由呢？”孔子说：“治理国家要靠礼，可他说话一点礼让也没有，所以我笑他。”“那冉求谈的不是治理国家的事吗？”孔子答道：“怎见得方圆六七十或五六十的地方就不是国家呢？”“那么公西赤谈的不是国家事了？”孔子说：“宗庙祭祀与国家间的盟会，不是国家的事又是什么呢？公西赤做小相，那谁能做大相呢？”

【评析】

孔子认为，前三个人的治国方法，都没有谈到根本上。他之所以只赞赏曾点的主张，就似因为曾点用形象的方法描绘了礼乐之治下的景象，体现了“仁”和“礼”的治国原则，这就谈到了根本点上。这一章，孔子和他的学生们自述其政治上的抱负，从中可以看出孔子的政治理想。

颜渊篇第十二

《颜渊》篇共计24章。其中著名的文句有："克己复礼为仁，一日克己复礼，天下归仁焉"；"非礼勿视，非礼勿听，非礼勿言，非礼勿动"；己所不欲，勿施于人"；"死生有命，富贵在天"；"四海之内，皆兄弟也"；"君子成人之美，不成人之恶"；"君子以文会友，以友辅仁"。本篇中，孔子的几位弟子向他问怎样才是仁。这几段，是研究者们经常引用的。孔子还谈到怎样算是君子等问题。

【原文】

颜渊问仁。子曰："克己复礼为仁。一日克己复礼[①]，天下归仁[②]焉。为仁由己，而由人乎哉？"颜渊曰："请问其目[③]。"子曰："非礼勿视，非礼勿听，非礼勿言，非礼勿动。"颜渊曰："回虽不敏，请事[④]斯语矣。"

【注释】

①克己复礼：克己，克制自己。复礼，使自己的言

行符合于礼的要求。

②归仁：归，归顺。仁，即仁道。

③目：具体的条目。目和纲相对。

④事：从事，照着去做。

【译文】

颜渊问仁是什么。孔子说："克制自己的欲望，使自己的言行都符合礼就是仁。一天做到克制自己而言行符合礼的规范，天下的人就会称你为仁人。做到仁德要靠自己，难道还靠别人吗？"颜渊说："请问仁的纲领是什么。"孔子说："不符合礼的不要看，不符合礼的不要听，不符合礼的话不说，不符合礼的事不做。"颜渊说："我虽然不聪敏，也要遵照您的话去做。"

【评析】

"克己复礼为仁"，这是孔子关于什么是仁的主要解释。在这里，孔子以礼来规定仁，依礼而行就是仁的根本要求。所以，礼以仁为基础，以仁来维护。仁是内在的，礼是外在的，二者紧密结合。这里实际上包括两个方面的内容，一是克己，二是复礼。克己复礼就是通过人们的道德修养自觉地遵守礼的规定。这是孔子思想的核心内容，贯穿于《论语》一书的始终。

【原文】

仲弓问仁。子曰："出门如见大宾，使民如承大祭[1]。己所不欲，勿施于人。在邦无怨，在家无怨[2]。"仲弓曰："雍虽不敏，请事[3]斯语矣。"

【注释】

①出门如见大宾，使民如承大祭：这句话是说，出门办事和役使百姓，都要像迎接贵宾和进行大祭时那样恭敬严肃。

②在邦无怨，在家无怨：邦，诸侯统治的国家。家，卿大夫统治的封地。

③事：从事，照着去做。

【译文】

仲弓问仁德是什么。孔子说："出门到外面工作就好像去接见高贵的宾客一样恭敬，役使老百姓就好像承办重大的祭祀一样严肃认真。自己不喜欢的，不要强加于别人。在朝廷没有怨言，在家里没有怨言。"仲弓说："我虽然不聪敏，也要按照您的这话去做。"

【评析】

这里是孔子对他的学生仲弓论说“仁”的一段话。他谈到了“仁”的两个内容。一是要他的学生事君使民都要严肃认真，二是要宽以待人，“己所不欲，勿施于人。”只有做到了这两点，就向仁德迈进了一大步。“己所不欲，勿施于人”，这句话成为后世遵奉的信条。

【原文】

司马牛[①]问仁。子曰：“仁者，其言也讱[②]。”曰：“其言也讱，斯[③]谓之仁矣乎？”子曰：“为之难，言之得无讱乎？”

【注释】

①司马牛：姓司马名耕，字子牛，孔子的学生。

②讱：话难说出口。这里引申为说话谨慎。

③斯：就。

【译文】

司马牛问仁是什么。孔子说：“仁德的人，不随便轻易发表自己的意见。司马牛道：“不随便发表自己意见就可以称为仁德的人吗？”孔子说：“做起来难呢，说话能总是很谨慎吗？”

【评析】

“其言也讱”是孔子对于那些希望成为仁人的人所提要求之一。“仁者”，其言行必须慎重，行动必须认真，一言一行都符合周礼。所以，这里的“讱”是为“仁”服务的，为了“仁”，就必须“讱”。这种思想与本篇第1章中所说：“克己复礼为仁”基本上是一贯的。

【原文】

司马牛问君子。子曰：“君子不忧不惧。”曰：“不忧不惧，斯谓之君子已乎？”子曰：“内省不疚，夫何忧何惧？”

【译文】

司马牛问怎样可以成为君子。孔子说：“君子不忧愁不畏惧。”司马牛道：“不忧愁不畏惧，就可以称为君子吗？”孔子说：“自己反省自己没有内疚，那还有什么忧愁和畏惧？”

【评析】

据说司马牛是宋国大夫桓魋的弟弟。桓魋在宋国“犯上作乱”，遭到宋国当权者的打击，全家被迫出逃。司马牛逃到鲁国，拜孔子为师，并声称桓魋不是他的哥哥。所以这一章里，孔子回答司马牛问怎样做才是君子的问题，这是有针对性的，即不忧不惧、问心无愧。

【原文】

司马牛忧曰：“人皆有兄弟，我独亡。”子夏曰：“商闻之矣：死生有命，富贵在天。君子敬而无失，与人恭而有礼。四海之内，皆兄弟也—君子何患乎无兄弟也？”

【译文】

司马牛忧愁地说道：“别人都有兄弟，唯独我没有。”子夏说：“我听说过：人的死生是命运安排，富贵与否也是天意。君子做事慎重而没有差错，待人恭敬而有礼貌。天下到处都有兄弟——您何必忧虑没有兄弟呢？”

【评析】

如上章所说，司马牛宣布他不承认桓魋是他的哥哥，这与儒家一贯倡导的“悌”的观念是相违背的。但由于他的哥哥“犯上作乱”，因而孔子没有责备他，反而劝他不要忧愁，不要恐惧，只要内心无愧就是做到了“仁”。这一章，子夏同样劝慰司马牛，说只要自己的言行符合于“礼”，那就会赢得天下人的称赞，就不必发愁自己没有兄弟，“四海之内皆兄弟也。”

【原文】

子张问明。子曰：“浸润之谮①，肤受之愬②，不行焉，可谓明也已矣。浸润之谮，肤受之愬，不行焉，可谓远③也已矣。”

【注释】

①浸润之谮，谮，谗言。这是说像水那样一点一滴地渗进来的谗言，不易觉察。

②肤受之愬：愬，诬告。这是说像皮肤感觉到疼痛那样的诬告，即直接的诽谤。

③远：明之至，明智的最高境界。

【译文】

子张问怎样才可以做到心地清明。孔子说：“渐渐渗透给你的谗言，切身感受到的伤害和诽谤，在你这里都行不通，可以称得上心地清明。那些渐渐渗透给你的谗言，切身感受到的伤害和诽谤，在你这里都行不通，可以称得上是高远了。”

【原文】

子贡问政。子曰：“足食，足兵，民信之矣。”子贡曰：“必不得已而去，于斯三者何先？”曰：“去兵。”子贡曰：“必不将已而去，于斯二者何先？”曰：“去食。自古皆有死，民无信不立。”

【译文】

子贡问如何处理政事。孔子说：“使粮食充足，使军队强大，使百姓对国家有信心。”子贡说：“如果迫不得已一定去掉一项，这三者当中先去掉哪一项呢？”孔子说：“去掉军队。”子贡又说：“如果迫不得已一定去掉一项，在这二者当中先去掉哪一项呢？”孔子说：“去掉粮食。自古以来谁也免不了一死，百姓对国家没有信心，国家难以立足。”

【评析】

本章里孔子回答了子贡问政中所连续提出的三个问题。孔子认为，治理一个国家，应当具备三个起码条件：食、兵、信。但这三者当中，信是最重要的。这体现了儒学的人学思想。只有兵和食，而百姓对统治者不信任，那这样的国家也就不能存在下去了。

【原文】

棘子成[①]曰："君子质而已矣，何以文为？"子贡曰："惜乎，夫子之说君子也！驷不及舌[②]。文犹质也，质犹文也。虎豹之鞟犹犬羊之鞟[③]。"

【注释】

①棘子成：卫国大夫。古代大夫都可以被尊称为夫子，所以子贡这样称呼他。

②驷不及舌：指话一说出口，就收不回来了。驷，拉一辆车的四匹马。

③鞟：去掉毛的皮，即革。

【译文】

棘子成说："君子只要质朴就行了，要文采有什么用呢？"子贡说："可惜啊，您这样来谈论君子！一言既出，驷马难追。文采如同质朴，质朴如同文采。如果离开了文采，虎豹的皮革就与犬羊的皮革一样了。"

【评析】

这里是讲表里一致的问题。棘子成认为作为君子只要有好的品质就可以了，不须外表的文采。但子贡反对这种说法。他的意思是，良好的本质应当有适当的表现形式，否则，本质再好，也无法显现出来。

【原文】

哀公问于有若曰："年饥，用不足，如之何？"有若对曰："盍彻乎①？"曰："二②，吾犹不足，如之何其彻也？"对曰："百姓足，君孰与不足？百姓不足，君孰与足？"

【注释】

①盍彻乎：盍，何不。彻，西周奴隶主国家的一种田税制度。旧注曰："什一而税谓之彻。"

②二：抽取十分之二的税。

【译文】

鲁哀公向有若问道："年成不好，国用不足，该怎么办呢？"有若回答说："为什么不实行十分抽一的税率？"鲁哀公说："现在是二，我还怕不足，怎么还能十分抽一呢？"有若回答说："百姓富足，您怎么能不富足？百姓不富足，您怎么能富足呢？"

【评析】

这一章反映了儒家学派的经济思想，其核心是“富民”思想。鲁国所征的田税是十分之二的税率，即使如此，国家的财政仍然是十分紧张的。这里，有若的观点是，削减田税的税率，改行“彻税”即什一税率，使百姓减轻经济负担。只要百姓富足了，国家就不可能贫穷。反之，如果对百姓征收过甚，这种短期行为必将使民不聊生，国家经济也就随之衰退了。这种以“富民”为核心的经济思想有其值得借鉴的价值。

【原文】

子张问崇德[①]辨惑[②]。子曰：“主忠信，徙义[③]，崇德也。爱之欲其生，恶之欲其死。既欲其生，又欲其死，是惑也。“诚不以富，亦衹以异[④]。”

【注释】

①崇德：提高道德修养的水平。

②惑：迷惑，不分是非。

③徙义：徙，迁移。向义靠拢。

④诚不以富，亦衹以异：这是《诗经·小雅·我行

其野》篇的最后两句。此诗表现了一个被遗弃的女子对其丈夫喜新厌旧的愤怒情绪。孔子在这里引此句，令人费解。

【译文】

子张问怎样崇尚德行和辨别迷惑。孔子说："立足忠信，接近义，是崇尚德行。爱一个人，希望他长寿；恨一个人，希望他早死。既想让他长寿，又想让他早死，这就是迷惑。《诗经》上说："'诚信不能致富，就只能招来异议。'"

【评析】

本章里，孔子谈的主要是个人的道德修养问题。他希望人们按照"忠信""仁义"的原则去办事，否则，感情用事，就会陷于迷惑之中。

【原文】

齐景公[①]问政于孔子。孔子对曰："君君，臣臣，父父，子子。"公曰："善哉！信如君不君，臣不臣，父不父，子不子，虽有粟，吾得而食诸？"

【注释】

①齐景公：名杵臼，齐国国君，公元前547年—公元前490年在位。

【译文】

齐景公向孔子问怎样治理国政。孔子回答说："君要像君，臣要像臣，父亲要像父亲，儿子要像儿子。"齐景公说："说得好啊！假如君不像君，臣不像臣，父不像父，子不像子，虽然有很多粮食，我能吃得着吗？"

【评析】

春秋时期的社会变动，使当时的等级名分受到破坏，弑君父之事屡有发生，孔子认为这是国家动乱的主要原因。所以他告诉齐景公，"君君、臣臣、父父、子子"，恢复这样的等级秩序，国家就可以得到治理。

【原文】

子曰："片言[①]可以折狱[②]者，其由也与[③]？"子路无宿诺[④]。

【注释】

①片言：诉讼双方中一方的言辞，即片面之词，古

时也叫“单辞”。

②折狱：狱，案件。即断案。

③其由也与：大概只有仲由吧。

④宿诺：宿，久。拖了很久而没有兑现的诺言。

【译文】

孔子说：“凭单方面的言辞可以判决案件的，大概就是仲由吧？”子路承诺的事从不隔夜。

【评析】

仲由可以以“片言”而“折狱”，这是为什么？历来有这样几种解释。一说子路明决，凭单方面的陈述就可以做出判断；二说子路为人忠信，人们都十分信服他，所以有了纠纷都在他面前不讲假话，所以凭一面之词就可以明辨是非；三说子路忠信，他所说的话决无虚假，所以只听其中一面之词，就可以断定案件。但无论哪种解释，都可以证明子路在刑狱方面是卓有才干的。

【原文】

子曰：“听讼①，吾犹人也。必也使无讼②乎！”

【注释】

①听讼：讼诉讼。审理诉讼案件。

②使无讼：使人们之间没有诉讼案件之事。

【译文】

孔子说："判决断案，我和别人一样。我一定要使案件都消除。"

【原文】

子张问政。子曰："居之无倦，行之以忠。"

【译文】

子张问怎样治理国政。孔子说："在位要不懈地努力，执行政令要忠诚老实。"

【评析】

以上两章都是谈的如何从政为官的问题。他借回答问题，指出各级统治者身居官位，就要勤政爱民，以仁德的规定要求自己，以礼的原则治理国家和百姓，通过教化的方式消除民间的诉讼纠纷，执行君主之令要切实努力，这样才能做一个好官。

【原文】

子曰："博学于文，约之以礼，亦可以弗畔矣夫！"

【注释】

①本章重出，见《雍也》篇第27章。

【译文】

孔子说："广博地学习文学典籍，用礼乐来约束自己的行为，就可以做到不背离正道！"

【原文】

子曰："君子成人之美，不成人之恶①。小人反是。"

【译文】

孔子说："君子成就人的好事，不促成别人的坏事。小人正和这相反。"

【评析】

这一章所讲的"成人之美，不成人之恶"贯穿了儒家一贯的思想主张，即"己欲立而立人，己欲达而达人”“己所不欲，勿施于人”的精神。

【原文】

季康子问政于孔子。孔子对曰：“政者，正也。子帅以正，孰敢不正？”

【译文】

季康子向孔子问怎样治理国政。孔子回答说：“政治，就是正。你自己用正来带领大家，谁敢不正呢？”

【评析】

无论为人还是为官，首在一个“正”字。孔子政治思想中，对为官者要求十分严格，正人先正己。只要身居官职的人能够正己，那么手下的大臣和平民百姓，就都会归于正道。

【原文】

季康子患盗，问于孔子。孔子对曰：“苟子之不欲，虽赏之不窃。”

【译文】

季康子担心偷盗的人多，向孔子请教。孔子回答说：

“假如你不贪求，即使奖赏人去偷窃，人们也不会干。”

【评析】

这一章同样是孔子谈论为官从政之道。他仍然阐释的是为政者要正人先正己的道理。他希望当政者以自己的德行感染百姓，这就表明了他主张政治道德化的倾向。具体到治理社会问题时也是如此。他没有让季康子用严刑峻法去制裁盗窃犯罪，而是主张用德治去教化百姓，以使人免于犯罪。

【原文】

季康子问政于孔子曰：“如杀无道①，以就有道②，何如？”孔子对曰：“子为政，焉用杀？子欲善而民善矣。君子之德风，小人之德草。草上之风③，必偃④。”

【注释】

①无道：指无道的人。

②有道：指有道的人。

③草上之风：指风加之于草。

④偃：仆，倒。

【译文】

季康子向孔子询问怎样治理政事，他说：“如果把无道的坏人杀了，使人们接近道，怎么样呢？”孔子回答说：“你治理国政，哪里用得着杀人？你想把国家治理好，那人民自然就好了。君子的德行就像风，小人物的德行就像草。风吹草上，草一定会随风倒的。”

【评析】

孔子反对杀人，主张“德政”。在上位的人只要善理政事，百姓就不会犯上作乱。这里讲的人治，是有仁德者的所为。那些暴虐的统治者滥行无道，必然会引起百姓的反对。

【原文】

子张问：“士何如斯可谓之达矣？”子曰：“何哉，尔所谓达①者？”子张对曰：“在邦必闻，在家必闻。”子曰：“是闻②也，非达也。夫达也者，质直而好义，察言而观色，虑以下人③。在邦必达，在家必达。夫闻也者，色取仁而行违，居之不疑。在邦必闻，在家必闻。”

【注释】

①达：通达，显达。

②闻：有名望。

③下人：下，动词。对人谦恭有礼。

【译文】

子张问："读书人怎样才可以称得上达呢？"孔子说："你所说的达是什么呢？"子张回答说："在国家一定有名望，在家一定有名望。"孔子说："这是闻，不是达。达，是品质正直而喜好义理，善于察言观色，甘居别人之下。这样在国家做官自然通达显贵，在家必定通达显贵。至于闻，表面上仁爱而行动上却与此相违背，以仁德自居毫不犹豫。这样的人在国家也一定能有名望，在家也一定能有名望。"

【评析】

本章中孔子提出了一对相互对立的名词，即"闻"与"达"。"闻"是虚假的名声，并不是显达；而"达"则要求士大夫必须从内心深处具备仁、义、礼的德行，注重自身的道德修养，而不仅是追求虚名。这里同样讲的是名实相符，表里如一的问题。

【原文】

樊迟从游于舞雩之下，曰："敢问崇德，修慝[①]，辨惑。"子曰："善哉问！先事后得[②]，非崇德与？攻其恶，无攻人之恶，非修慝与？一朝之忿[③]，忘其身，以及其亲，非惑与？"

【注释】

①修慝：慝，邪恶的念头。修，改正。这里是指改正邪恶的念头。

②先事后得：先致力于事，把利禄放在后面。

③忿：忿怒，气愤。

【译文】

樊迟陪着孔子在舞雩台下闲游，樊迟说："请问怎样提高自己的品德修养，清除邪念，辨别迷惑？"孔子说："问得好啊！先做事而后收获，不是提高了品德修养了吗？批评自己的过错，不批评别人的过错，不是消除邪念了吗？一时愤恨，忘了自己的身份，也忘了亲人，不是迷惑吗？"

【评析】

这一章里孔子仍谈个人的修养问题。他认为，要提高道德修养水平，首先在于踏踏实实地做事，不要过多地考虑物质利益；然后严格要求自己，不要过多地去指责别人；还要注意克服感情冲动的毛病，不要以自身的安危作为代价，这就可以辨别迷惑。这样，人就可以提高道德水平，改正邪念，辨别迷惑了。

【原文】

樊迟问仁。子曰："爱人。"问知。子曰："知人。"樊迟未达。子曰："举直错诸枉①，能使枉者直。"樊迟退，见子夏曰："乡②也吾见于夫子而问知，子曰'举直错诸枉，能使枉者直'，何谓也？"子夏曰："富哉言乎！舜有天下，选于众，举皋陶③，不仁者远④矣。汤⑤有天下，选于众，举伊尹⑥，不仁者远矣。"

【注释】

①举直错诸枉：错，同"措"，放置。诸，这是"之于"二字的合音。枉，不正直，邪恶。意为选拔直者，罢黜枉者。

②乡：同"向"，过去。

③皋陶：传说中舜时掌握刑法的大臣。

④远：动词，远离，远去。

⑤汤：商朝的第一个君主，名履。

⑥伊尹：汤的宰相，曾辅助汤灭夏兴商。

【译文】

樊迟问仁是什么。孔子说："就是爱人。"樊迟又问知是什么。孔子说："就是了解别人。"樊迟似乎没懂。孔子说："选拔正直的人置于邪曲的人之上，就能使邪曲的人正直起来。"樊迟退出去，看见子夏说："刚才我看见老师向他问知，老师说'选拔正直的人置于邪曲的人之上，就能使邪曲的人正直起来'，是什么意思呢？"子夏说："这话含义深刻呀！舜拥有天下后，在众多的人中，推举出皋陶，不仁德的人就躲远了。汤拥有天下以后，在众多的人中，推举出伊尹，不仁德的人也躲远了。"

【评析】

本章谈了两个问题，一是仁，二是智。关于仁，孔子对樊迟的解释似乎与别处不同，说是"爱人"，实际上孔子在各处对仁的解释都有内在的联系。他所说的爱人，包含有古代的人文主义精神，把仁作为他全部学说的对象和中心。正如著名学者张岂之先生所说，儒学即仁学，仁是人的发现。关于智，孔子认为是要了解人，选拔贤才，罢黜邪才。但在历史上，许多贤能之才不但没有被选拔反而受到压抑，而一些奸佞之人却平步青云，这说明真正做到智并不容易。

【原文】

子贡问友。子曰："忠告而善道之①，不可则止，毋自辱焉。"

【译文】

子贡问怎样交朋友。孔子说："忠诚地劝告他，善意地引导他，他不听就立刻停止，不要自找侮辱。"

【评析】

在人伦关系中，"朋友"一伦是最松弛的一种。朋友之间讲求一个"信"字，这是维系双方关系的纽带。但对待朋友的错误，要开诚布公地劝导他，推心置腹地讲明利害关系，但他坚持不听，也就作罢。如果别人不听，你一再劝告，就会自取其辱。这是交友的一个基本准则。所以清末志士谭嗣同就认为朋友一伦最值得称赞，他甚至主张用朋友一伦改造其他四伦。其实，孔子这里所讲的，是对别人作为主体的一种承认和尊重。

【原文】

曾子曰："君子以文会友，以友辅仁。"

【译文】

曾子说："君子用文章学问来结交朋友，用朋友的品德来帮助自己提高仁德。"

【评析】

曾子继承了孔子的思想，主张以文章学问作为结交朋友的手段，以互相帮助培养仁德作为结交朋友的目的。这是君子之所为。以上这两章谈的都是交友的问题，事实上在五伦当中，儒家对于朋友这一伦还是比较重视的。

子路篇第十三

《子路》篇共有30章，其中著名的文句有：“名不正则言不顺，言不顺则事不成”；“欲速则不达”；“父为子隐，子为父隐”；“居处恭、执事敬、与人忠”；“言必信，行必果”；“君子和而不同，小人同而不和”；“君子泰而不骄，小人骄而不泰”。本篇包含的内容比较广泛，其中有关于如何治理国家的政治主张，孔子的教育思想，个人的道德修养与品格完善，以及“和而不同”的思想。

【原文】

子路问政。子曰：“先之劳之①。”请益②。曰：“无倦③。”

【注释】

①先之劳之：先，引导，先导，即教化。之，指老百姓。做在老百姓之前，使老百姓勤劳。

②益：请求增加一些。

③无倦：不厌倦，不松懈。

【译文】

子路问怎样治理政事。孔子说："自己率先去做并且不辞劳苦。"子路请求孔子多讲一点。孔子说："不要倦怠。"

【原文】

仲弓为季氏宰，问政。子曰："先有司[①]，赦小过，举贤才。"曰："焉知贤才而举之？"子曰："举尔所知；尔所不知，人其舍诸[②]？"

【注释】

①有司：古代负责具体事务的官吏。

②诸："之乎"二字的合音。

【译文】

仲弓做了季氏的家臣，向孔子问治理政事。孔子说："先让主管的人做事，赦免人的小过错，荐举贤良的人才。"仲弓说："怎么能知道谁是贤才而荐举他呢？"孔子说："荐举你所知道的；你所不知道的，别人还会舍弃他吗？"

【原文】

子路曰："卫君[1]待子而为政，子将奚[2]先？"子曰："必也正名[3]乎！"子路曰："有是哉，子之迂[4]也！奚其正？"子曰："野哉，由也！君子于其所不知，盖阙[5]如也。名不正，则言不顺；言不顺，则事不成；事不成，则礼乐不兴；礼乐不兴，则刑罚不中[6]；刑罚不中，则民无所措手足。故君子名之必可言也，言之必可行也。君子于其言，无所苟[7]而已矣。"

【注释】

①卫君：卫出公，名辄，卫灵公之孙。其父蒯聩被卫灵公驱逐出国，卫灵公死后，蒯辄继位。蒯聩要回国争夺君位，遭到蒯辄拒绝。这里，孔子对此事提出了自己的看法。

②奚：什么。

③正名：即正名分。

④迂：迂腐。

⑤阙：同"缺"，存疑的意思。

⑥中：得当。

⑦苟：苟且，马马虎虎。

【译文】

子路对孔子说：“卫君等着你去治理政事，你先干什么？”孔子说：“一定先正名分！”子路说：“还有这种想法，先生您太迂腐了，哪里需要正名啊。”孔子说：“粗野呀，仲由！君子对他自己所不了解的事，是不随便发表意见的。名不正，则言语不顺；言语不顺，则办事不成；办事不成，则礼乐不能兴举，礼乐不兴举，则刑罚不得当；刑罚不得当，则百姓手足无措，不知如何是好。所以君子一定要先正名而后发言论，言论顺理成章才可实行。君子对于自己说的话，不能有所疏漏才行。”

【评析】

以上三章所讲的中心问题都是如何从政。前两章讲当政者应当以身作则。要求百姓做的事情，当政者首先要告诉百姓，使百姓能够搞清楚国家的政策，即孔子所讲的引导百姓。但在这三章中讲得最重要的问题是“正名”。“正名”是孔子“礼”的思想的组成部分。正名的具体内容就是“君君、臣臣、父父、子子”，只有“名正”才可以做到“言顺”，接下来的事情就迎刃而解了。

【原文】

樊迟请学稼。子曰："吾不如老农。"请学为圃[①]。曰："吾不如老圃。"樊迟出。子曰："小人哉，樊须也！上好礼，则民莫敢不敬；上好义，则民莫敢不服；上好信，则民莫敢不用情[②]。夫如是，则四方之民襁[③]负其子而至矣，焉用稼？"

【注释】

①圃：菜地，引申为种菜。

②用情：情，情实。以真心实情来对待。

③襁：背婴孩的背篓。

【译文】

樊迟向孔子请求学种庄稼。孔子说："我不如老农。"樊迟请求学种菜。孔子说："我不如老菜农。"樊迟走出来。孔子说："真是小人呀，樊迟。国君讲究礼仪，老百姓没有敢不恭敬的。如果做到这一点，那么四方的老百姓都会背负着幼小的孩子前来归服，哪里还用得着种庄稼。"

【评析】

孔子毫不客气地指责想学种庄稼和种菜的樊迟是

小人，可以清楚地看出他的教育思想。他认为，在上位的人哪里需要学习种庄稼和种菜之类的知识，只要重视礼、义、信也就足够了。他培养学生，不是为了以后去种庄稼和种菜，而是为了从政为官。在孔子时代，接受教育的人毕竟是少数，劳动者只要有充沛的体力就可以从事农业生产，而教育的目的，就是为了培养实行统治的知识分子。所以，孔子的教育目的并不是为了培养劳动者。这在当时的历史条件下有其相对的合理性。

【原文】

子曰："诵诗三百，授之以政，不达①；使于四方，不能专对②；虽多，亦奚以③为？"

【注释】

①达：通达。这里是会运用的意思。

②专对：独立对答。

③以：用。

【译文】

孔子说："背诵《诗经》三百首，交给他治理政事，却不胜任；叫他出使外国，又不能独立应酬；《诗经》读得再多，又有什么用呢？”

【评析】

诗，也是孔子教授学生的主要内容之一。他教学生诵诗，不单纯是为了诵诗，而为了把诗的思想运用到指导政治活动之中。儒家不主张死背硬记，当书呆子，而是要学以致用，应用到社会实践中去。

【原文】

子曰：“其身正，不令而行；其身不正，虽令不从。”

【译文】

孔子说：“统治者自己要行得正，不用命令百姓也能照着做，自己身行不正，虽然发号施令，百姓也不会听从。”

【原文】

子曰：“鲁卫之政，兄弟也。”

【译文】

孔子说：“鲁国和卫国的政治，就好像兄弟一样。”

【评析】

鲁国是周公旦的封地，卫国是康叔的封地，周公旦和康叔是兄弟，当时两国的政治情况有些相似。所以孔子说，鲁国的国事和卫国的国事，就像兄弟一样。

【原文】

子谓卫公子荆[①]：“善居室[②]。始有，曰：“‘苟[③]合[④]矣。’少有，曰：“‘苟完矣。’富有，曰：“‘苟美矣。’”

【注释】

①卫公子荆：卫国大夫，字南楚，卫献公的儿子。

②善居室：善于管理经济，居家过日子。

③苟：差不多。

④合：足够。

【译文】

孔子谈论卫公子荆时说：“他善于居家过日子。他刚有一点家产时，说：“‘差不多够了。’稍稍增加一点，又说：“‘差不多完备了。’当他富有时，说：“‘差不多已经完美了。’”

【原文】

子适卫，冉有仆[①]。子曰：“庶矣哉？”冉有曰：“既庶[②]矣，又何加焉？”曰：“富之。”曰：“既富矣，又何加焉？”曰：“教之。”

【注释】

①仆：驾车。

②庶：众多，这里指人口众多。

【译文】

孔子到卫国去，冉有为他赶车。孔子说：“人口真多呀！”冉有说：“人口已经繁多了，又该给他们增加什么呢？”孔子说：“使他们富起来。”冉有说：“已经富起来了，又给他们增加什么呢？”孔子说：“使他们受教育。”

【评析】

在本章里，孔子提出“富民”和“教民”的思想，而且是“先富后教”。这是正确的。但这并不是说，对老百姓只富不教。在孔子的观念中，教化百姓始终是十分重要的问题。所以，在这里，一定要注意深入理解孔子的原意。

【原文】

子曰："苟有用我者，期月而已可也，三年有成。"

【译文】

孔子说："假如有人用我治理政事，一年差不多见成效，三年便会有成就。"

【原文】

子曰："'善人为邦百年，亦可以胜残去杀矣[①]。'诚哉是言也！"

【译文】

孔子说："'善人治理国家一百年，也可以去掉残暴，免除刑戮。'这话说得确实对呀！"

【评析】

孔子说，善人需要一百年的时间，可以"胜残去杀"，达到他所理想的境界。其实，从这句话的本意去理解，善人施行"德治"，但并不排除刑罚的必要手段。这在现实的政治活动中，并不是可有可无的。

【原文】

子曰："如有王者，必世而后仁。"

【译文】

孔子说："如果有称王的人兴起，一定经过三十年之后才实行仁政。"

【评析】

上一章孔子讲，善人施行德治需要一百年的时间才可以到达理想境界，本章又说，王者治理国家也需要三十年的时间才能实现仁政。同样，王者在实现仁政之前的三十年间，也不能排除刑罚杀戮手段在社会政治生活中所起的重要作用。

【原文】

子曰："苟正其身矣，于从政乎何有[①]？不能正其身，如正人何？"

【译文】

孔子说："如果端正了自己，那么治理政事还有什么难的？不能端正自己，又怎么能够使别人端正呢？”

【评析】

俗话说：“正人先正己。”本章里孔子所讲的就是这个道理。孔子把“正身”看作是从政为官的重要方面，是有深刻的思想价值的。

【原文】

冉子退朝。子曰：“何晏也？”对曰：“有政。”子曰：“其事也。如有政，虽不吾以，吾其与闻之。”

【译文】

冉有退朝回来。孔子说：“为什么这么晚？”冉有说：“有政事。”孔子说：“那只是一般的事，如果有政事，虽然不用我，我也会知道。”

【原文】

定公问：“一言而可以兴邦，有诸？”孔子对曰：“言不可以若是其几也[①]。人之言曰：‘为君难，为臣不易。’如知为君之难也，不几乎一言而兴邦乎？”曰：“一言而丧邦，有诸？”孔子对曰：“言不可以若是其几也。人之言曰：‘予无乐乎为君，唯其言而莫予违也。’如其善而莫之违也，不亦善乎？如不善而莫之违也，不几乎一言而丧邦乎？”

【译文】

鲁定公问孔子：“一句话可以使国家兴盛起来，有这事吗？”孔子回答说：“言谈不可以像这样期望过高。人常说：“‘做国君难，做臣子也不容易。’如果了解了做国君的难处，不就是差不多一句话而使国家兴盛吗？”鲁定公又问：“一句话而丧失了国家，有这事吗？”孔子回答说：“言谈不可以像这样期望过高。人常说：“我做国君没有什么快乐，只是我的话没有人敢违抗。’假如那话是正确的而没有人违抗，不是很好吗？如果不正确而没有人敢违抗，不几乎是一句话而丧失了国家吗？”

【原文】

叶公问政。子曰：“近者悦，远者来。”

【译文】

叶公问怎样治理政事。孔子说：“使国内的人高兴，使国外的人来投奔。”

【原文】

子夏为莒父[①]宰，问政。子曰：“无欲速，无见小利。欲速，则不达；见小利，则大事不成。”

【注释】

①莒父：莒，鲁国的一个城邑，在今山东省莒县境内。

【译文】

子夏做了莒父的邑长，向孔子问治理政事。孔子说：“不要求快，不要贪图小利。求快，则反而不能达到目的；贪图小利，则办不成大事。”

【评析】

“欲速则不达”，贯穿着辩证法思想，即对立着的事物可以互相转化。孔子要求子夏从政不要急功近利，否则就无法达到目的；不要贪求小利，否则就做不成大事。

【原文】

叶公语孔子曰：“吾党[①]有直躬者[②]，其父攘羊[③]，而子证[④]之。”孔子曰：“吾党之直者异于是：父为子隐，子为父隐。一直在其中矣。”

【注释】

①党：乡党，古代以五百户为一党。

②直躬者：正直的人。

③攘羊：偷羊。

④证：告发。

【译文】

叶公告诉孔子说：“我家那里有一个坦率正直的人，他父亲偷了别人的羊，他告发了父亲。”孔子说：“我家那里坦率正直的人和你那里的不同：父亲为儿子隐瞒，儿子为父亲隐瞒——正直就在其中了。”

【评析】

孔子认为“父为子隐，子为父隐”就是具有了“直”的品格。看来，他把正直的道德纳入“孝”与“慈”的范畴之中了，一切都要服从“礼”的规定。这在今天当然应予扬弃。

【原文】

樊迟问仁。子曰：“居处恭，执事敬，与人忠。虽之夷狄，不可弃也。”

【译文】

樊迟问怎样可以称为仁。孔子说：“平日闲居时态度谦恭，做起事来认真谨慎，与人相处忠诚。即使到了夷狄之国，也不可丢弃这些。”

【评析】

这里孔子对“仁”的解释，是以“恭”“敬”“忠”三个德目为基本内涵。在家恭敬有礼，就是要符合孝悌的道德要求；办事严肃谨慎，就是要符合“礼”的要求；待人忠厚诚实显示出仁德的本色。

【原文】

子贡问曰：“何如斯可谓之士①矣？”子曰：“行己有耻，使于四方，不辱君命，可谓士矣。”曰：“敢问其次。”曰：“宗族称孝焉，乡党称弟焉。”曰：“敢问其次。”曰：“言必信，行必果②，硁硁③然小人哉！——抑亦可以为次矣。”曰：“今之从政者何如？”子曰：“噫！斗筲之人④，何足算也？”

【注释】

①士：士在周代贵族中位于最低层。此后，士成为

古代社会知识分子的通称。

②果：果断、坚决。

③硁硁：象声词，敲击石头的声音。这里引申为像石块那样坚硬。

④斗筲之人：筲，竹器，容一斗二升。比喻器量狭小的人。

【译文】

子贡问道："怎么样才可以称为士呢？"孔子说："自己行为处世要有羞耻之心。出使外国，不侮辱君王交给的使命。这样就可以称士了。"子贡又问："请问次一等的怎么样。"孔子说："同宗族的人称他孝顺父母，乡里人称赞他尊敬长者。"子贡问："请问再次一等的怎么样。"孔子答道："说话要守信用，做事要果断。虽然是浅陋的小人呀！——也还可以称为次一等的士了。"子贡道："现在从事治理国政的人怎么样呢？"孔子说："咳！见识狭小的人，不值得一数。"

【评析】

孔子观念中的"士"，首先是有知耻之心、不辱君命的人，能够担负一定的国家使命。其次是孝敬父母、顺从兄长的人。再次才是“言必信，行必果”的人。至于现在的当政者，他认为是器量狭小的人，根本算不得士。他所培养的就是具有前两种品德的“士”。

【原文】

子曰：“不得中行①而与之，必也狂狷乎！狂者进取，狷②者有所不为也。”

【注释】

①中行：行为合乎中庸。

②狷：拘谨，有所不为。

【译文】

孔子说：“得不到遵守中庸之道的人和他交朋友，也一定要和激进的人与保守的人相交！激进的人锐意进取，保守的人不做超越规范的事。”

【评析】

“狂”与“狷”是两种对立的品质。一是流于冒进，进取，敢作敢为；一是流于退缩，不敢作为。孔子认为，中行就是不偏不狂，也不偏于狷。人的气质、作风、德行都不偏于任何一个方面，对立的双方应互相牵制，互相补充，这样，才符合于中庸的思想。

【原文】

子曰：“南人有言曰：“人而无恒，不可以作巫医[1]。善夫！”“不恒其德，或承之羞[2]。”子曰：“不占[3]而已矣。”

【注释】

①巫医：用卜筮为人治病的人。

②不恒其德，或承之羞：此二句引自《易经·恒卦·爻辞》。

③占：占卜。

【译文】

孔子说：“南方人有一句话说：“人如果没有恒心，连巫医都做不了。说得好啊！”“没有恒心守德，有时就要承受羞辱。”孔子说：“《易经》上的这句话是说没有恒心的人就不要去占卜了。”

【评析】

本章中孔子讲了两层意思：一是人必须有恒心，这样才能成就事业。二是人必须恒久保持德行，否则就可能遭受耻辱。这是他对自己的要求，也是对学生们的告诫。

【原文】

子曰："君子和①而不同，小人同②而不和。"

【注释】

①和：不同的东西和谐地配合叫作和，各方面之间彼此不同。

②同：相同的东西相加或与人相混同，叫作同。各方面之间完全相同。

【译文】

孔子说："君子讲求遵循道的基础上的和谐，而不是盲目地随从，小人讲求无原则的盲目随从与附和而不是和谐。"

【评析】

"和而不同"是孔子思想体系中的重要组成部分。"君子和而不同，小人同而不和。"君子可以与他周围的人保持和谐融洽的关系，但他对待任何事情都必须经过自己大脑的独立思考，从来不愿人云亦云，盲目附和；但小人则没有自己独立的见解，只求与别人完全一致，而不讲求原则，但他却与别人不能保持融洽友好的关系。这是在处事为人方面。其实，在所有的问题上，往往都能体现出“和而不同”和“同而不和”的区别。“和而不同”显示出孔子思想的深刻哲理和高度智慧。

【原文】

子贡问曰：“乡人皆好之，何如？”子曰：“未可也。”“乡人皆恶之，何如？”子曰：“未可也；不如乡人之善者好之，其不善者恶之。”

【译文】

子贡问孔子说：“乡里人都喜欢的人怎么样？”孔子说：“不怎么样。”子贡又问：“乡里人都厌恶的人怎么样？”孔子说：“不怎么样；不如乡里的好人喜欢他，乡里的坏人厌恶他。”

【评析】

对于一个人的正确评价，其实并不容易。但在这里孔子把握住了一个原则，即不以众人的好恶为依据，而应以善恶为标准。听取众人的意见是应当的，也是判断一个人优劣的依据之一，但绝不是唯一的依据。他的这个思想对于我们今天识别好人与坏人有重要意义。

【原文】

子曰："君子易事[①]而难说[②]也。说之不以道，不说也；及其使人也，器之[③]。小人难事而易说也。说之虽不以道，说也；及其使人也，求备焉。"

【注释】

①易事：易于与人相处共事。

②难说："难于取得他的欢喜。

③器之：量才使用他。

【译文】

孔子说："与君子相处做事容易而让他高兴却很难。不用正当的方法讨他高兴，他是不会高兴的；等到他任用人的时候，他要衡量人的才能。与小人在一起做事难而让他高兴却很容易。虽然不用正当的方法却能讨他高兴；等到他使用人的时候，他便求全责备了。"

【评析】

这一章里，孔子又提出了君子与小人之间的另一个区别。这一点也是十分重要的。作为君子，他并不对人百般挑剔，而且也不轻易表明自己的喜好，但在选用人才的时候，往往能够量才而用，不会求全责备。但小人就不同了。在现实社会中，君子并不多见，而此类小人则屡见不鲜。

【原文】

子曰：“君子泰而不骄①，小人骄而不泰。”

【注释】

①泰：安舒。骄：傲慢。

【译文】

孔子说：“君子平和大方而不骄恣，小人骄恣而不平和大方。”

【原文】

子曰：“刚、毅、木、讷近仁。”

【译文】

孔子说："刚强、坚毅、质朴、不随便说话的人接近于仁。"

【评析】

孔子把"仁"和人的朴素气质归为一类。这里首先必须是刚毅果断，其次必须言行谨慎，这样就接近于仁的最高境界了。这一主张与孔子的一贯思想是完全一致的。

【原文】

子路问曰："何如斯可谓之士矣？"子曰："切切偲偲[1]，怡怡如也，可谓士矣。朋友切切偲偲，兄弟怡怡。"

【注释】

①偲偲：勉励、督促、诚恳的样子。

②怡怡：和气、亲切、顺从的样子。

【译文】

子路问孔子说："什么样的人可以称为士呢？"孔

子说："互相勉励，和睦相处，可以称为士了。朋友之间要互相勉励，兄弟之间要和睦相处。"

【原文】

子曰："善人教民七年，亦可以即戎矣。"

【译文】

孔子说："善人教导人民有七年的时间，人民也可以从军打仗了。"

【原文】

子曰："以不教民战，是谓弃之。"

【译文】

孔子说："用没有经过训练的人民去打仗，这就是让他们丢掉生命。"

【评析】

本章和上一章都讲了教练百姓作战的问题，从中可以看出，孔子并不完全反对军事手段解决某些问题。他主张训练百姓，否则便是抛弃了他们。

宪问篇第十四

《宪问》篇共计44篇。其中著名文句有："见危授命，见利思义"；"君子上达，小人下达"；"古之学者为己，今之学者为人"；"不在其位，不谋其政"；"君子思不出其位"；"君子耻其言而过其行"；"修己以安百姓"；"仁者不忧，智者不惑，勇者不惧"。这一篇中所包括的主要内容有：作为君子必须具备的某些品德；孔子对当时社会上的各种现象所发表的评论；孔子提出"见利思义"的义利观等。

【原文】

宪①问耻。子曰："邦有道，谷②；邦无道，谷，耻也。""克、伐③、怨、欲不行焉，可以为仁矣？"子曰："可以为难矣，仁则吾不知也。"

【注释】

①宪：姓原名宪，孔子的学生。

②谷：这里指做官者的俸禄。

③伐：自夸。

【译文】

孔子的学生原宪问什么叫耻辱。孔子说：“国家政治清明时，做官吃俸禄；国家政治混乱时，也做官吃俸禄，这就是耻辱。”原宪又问：“争强好胜，自我夸耀，怨恨别人，贪图私利，这四种行为不做，可以成为仁德的人吗？”孔子说：“可以说做到这些是很难的，至于仁，我就不清楚了。”

【评析】

在《述而》篇第13章里，孔子谈到过有关“耻”的问题，本章又提到“耻”的问题。孔子在这里认为，做官的人应当竭尽全力为国效忠，无论国家有道还是无道，都照样拿俸禄的人，就是无耻。在本章第二个层次中，孔子又谈到“仁”的题。仁的标准很高，孔子在这里认为脱除了“好胜、自夸、怨恨、贪欲”的人难能可贵，但究竟合不合“仁”，他说就不得而知。显然，“仁”是最高的道德标准。

【原文】

子曰："士而怀居[①]，不足以为士矣。"

【注释】

①怀居：怀，思念，留恋。居，家居。指留恋家居的安逸生活。

【译文】

孔子说："士怀恋安逸，就不配称为士了。"

【原文】

子曰："邦有道，危[①]言危行；邦无道，危行言孙[②]。"

【注释】

①危：直，正直。

②孙：同"逊"。

【译文】

孔子说："国家政治清明时，言语正直，行为正直；国家政治混乱时，应该是行为正直，语言谦逊。"

【评析】

孔子要求自己的学生，当国家有道时，可以直述其言，但国家无道时，就要注意说话的方式方法。只有这样，才可以避免祸端。这是一种为政之道。当然，今天这样的做法也不乏其人，特别是在一些为官者那里，更是精于此道，这是应当给予批评的。

【原文】

子曰："有德者必有言，有言者不必有德。仁者必有勇，勇者不必有仁。"

【译文】

孔子说："有德行的人一定有好的言论，有好的言论的人不一定有德行。仁德的人一定有勇气，有勇气的人不一定有仁德。"

【评析】

这一章解释的是言论与道德、勇敢与仁德之间的关系。这是孔子的道德哲学观，他认为勇敢只是仁德的一个方面，二者不能画等号，所以，人除了有勇以外，还要修养其他各种道德，从而成为有德之人。

【原文】

南宫适[①]问于孔子曰：“羿[②]善射，奡[③]荡舟[④]，俱不得其死然。禹稷[⑤]躬稼而有天下。”夫子不答。南宫适出，子曰：“君子哉若人！尚德哉若人！”

【注释】

①南宫适：适，同“括”，即南容。

②羿：（音yì）传说中夏代有穷国的国君，善于射箭，曾夺夏太康的王位，后被其臣寒浞所杀。

③奡：传说中寒浞的儿子，后来为夏少康所杀。

④荡舟：用手推船。传说中奡力大，善于水战。

⑤禹稷：禹，夏朝的开国之君，善于治水，注重发展农业。稷，传说是周朝的祖先，又为谷神，教民种植庄稼。

【译文】

南宫适向孔子问道：“羿擅长射箭，奡擅长水战，这两个人都没得到好死。禹和后稷自己亲自耕种而拥有了天下。”孔子没有回答。南宫适出去后，孔子说：

“这个人啊，是君子！这个人啊，崇尚仁德！”

【评析】

孔子是道德主义者，他鄙视武力和权术，崇尚朴素和道德。南宫适认为禹、稷以德而有天下，羿、奡以力而不得其终。孔子就说他很有道德，是个君子。后代儒家发展了这一思想，提出“恃德者昌，恃力者亡”的主张，要求统治者以德治天下，而不要以武力得天下，否则，最终是没有好下场的。

【原文】

子曰：“君子而不仁者有矣夫，未有小人而仁者也。”

【译文】

孔子说：“君子当中有不仁德的人，小人当中却没有仁德的人。”

【原文】

子曰：“爱之，能勿劳乎？忠焉，能勿诲乎？”

【译文】

孔子说：“爱他，能不让他勤劳吗？忠实于他，能不教诲他吗？”

【原文】

子曰：“为命[1]，裨谌[2]草创之，世叔[3]讨论之，行人[4]子羽[5]修饰之，东里[6]子产润色之。”

【注释】

①命：指国家的政令。

②裨谌：人名，郑国的大夫。

③世叔：即子太叔，名游吉，郑国的大夫。子产死后，继子产为郑国宰相。

④行人：官名，掌管朝觐聘问，即外交事务。

⑤子羽：郑国大夫公孙挥的字。

⑥东里：地名，郑国大夫子产居住的地方。

【译文】

孔子说：“制定外交辞令，由裨谌起草，世叔研究，外交官子羽进行修改，东里的子产在文字上加工润色。”

【原文】

或问子产。子曰：“惠人也。”问子西[1]。曰：“彼哉！彼哉！”问管仲。曰：“人也[2]。夺伯氏[3]骈邑三百[①]，饭疏食，没齿[5]无怨言。”

【注释】

①子西：这里的子西指楚国的令尹，名申。

②人也：即此人也。

③伯氏：齐国的大夫。

④骈邑：地名，伯氏的采邑。

⑤没齿：死。

【译文】

有人问子产。孔子说：“他是一个仁慈的人。”问子西。孔子说：“他呀！他呀！”问管仲。孔子说：“他是个人才呀。夺取了齐国大夫伯氏在骈邑三百户的土地，使伯氏吃粗饭，伯氏却终生没有怨言。”

【原文】

子曰：“贫而无怨难，富而无骄易。”

【译文】

孔子说：“贫穷而没有怨言很难做到，富有而不骄傲容易做到。”

【原文】

子曰：“孟公绰[①]为赵魏老[②]则优[③]，不可以为滕、薛[④]大夫。”

【注释】

①孟公绰：鲁国大夫，属于孟孙氏家族。

②老：这里指古代大夫的家臣。

③优：有余。

④滕薛：滕，诸侯国家，在今山东藤县。薛，诸侯国家，在今山东藤县东南一带。

【译文】

孔子说：“鲁国大夫孟公绰做赵氏和魏氏的家臣很优越，却没有能力做滕、薛这样小国的大夫。”

【原文】

子路问成人[①]。子曰：“若臧武仲[②]之知，公绰之不欲，卞庄子[③]之勇，冉求之艺，文之以礼乐，亦可以为成人矣。”曰：“今之成人者何必然？见利思义，见危授命，久要[④]不忘平生之言[②]，亦可以为成人矣。”

【注释】

①成人：人格完备的完人。

②臧武仲：鲁国大夫臧孙纥。

③卞庄子：鲁国卞邑大夫。

④久要：长久处于穷困中。

【译文】

子路问怎样可以成为完人。孔子说：“如果有鲁国大夫臧武仲那样的智慧，有孟公绰那样的清心寡欲，有卞庄子那样的勇敢，有冉求那样的才艺，再以礼乐来制约，就可以成为完人。”接着又说道：“现在的完人何必这样呢？能够见到利益先想到义，遇到危险能献出生命，久居贫困而不忘平生的诺言，这样也可以成为完人了。”

【评析】

本章谈人格完善的问题。孔子认为，具备完善人格的人，应当富有智慧、克制、勇敢、多才多艺和礼乐修饰。谈到这里，孔子还认为，有完善人格的人，应当做到在见利见危和久居贫困的时候，能够思义、授命、不忘平生之言，这样做就符合于义。尤其是本章提出“见利思义”的主张，即遇到有利可图的事情，要考虑是否符合义，不义则不为。这句话对后世产生了极大影响。

【原文】

子问公叔文子①于公明贾②曰：“信乎，夫子③不言，不笑，不取乎？”公明贾对曰：“以④告者过也。夫子时然后言，人不厌其言；乐然后笑，人不厌其笑；义然后取，人不厌其取。”子曰：“其然？岂其然乎？”

【注释】

①公叔之子：卫国大夫公孙拔，卫献公之子。谥号“文”。

②公明贾：姓公明字贾。卫国人。

③夫子：文中指公叔文子。

④以：此处是“这个”的意思。

【译文】

孔子向卫人公明贾询问卫国大夫公叔文子的为人，说：“有这样的事吗？老人家不说话，不笑，不索取？”公明贾回答说：“告诉你这话的人说过了，他老人家是到该说话的时候说话，别人不讨厌他的话；他是到高兴了才笑，人们也不讨厌他的笑；他是先做到义然后索取；所以人们也不反对他的取。”孔子说：“是这样吗？难道他真是这样吗？”

【评析】

孔子在这里通过评价公叔文子，进一步阐释“义然后取”的思想，只要合乎于义、礼，公叔文子并非不说、不笑、不取钱财。这就是有高尚人格者之所为。

【原文】

子曰：“臧武仲以防求为后于鲁，虽曰不要君①，吾不信也。”

【注释】

①要：要挟。

【译文】

孔子说：“臧武仲以防这块封地来请鲁君立他的后代为鲁国卿大夫，虽然说不是要挟，我不承认。”

【评析】

臧武仲因得罪孟孙氏逃离鲁国，后来回到防邑，向鲁君要求，以立臧氏之后为卿大夫作为条件，自己离开防邑。孔子认为他以自己的封地为据点，想要挟君主，犯上作乱，犯下了不忠的大罪。所以他说了上面这段话。此事在《春秋》书中有记载。

【原文】

子曰："晋文公①谲②而不正，齐桓公③正而不谲。"

【注释】

①晋文公：姓姬名重耳，春秋时期有作为的政治家，著名的霸主之一。公元前636—前628年在位。

②谲：欺诈，玩弄手段。

③齐桓公：姓姜名小白，春秋时期有作为的政治家，著名的霸主之一。公元前685—前643年在位。

【译文】

孔子说："晋文公奸诈而不正直，齐桓公正直而不奸诈。"

【评析】

为什么孔子对春秋时代两位著名政治家的评价截然相反呢？他主张“礼乐征伐自天子出，”对时人的违礼行为一概加以指责。晋文公称霸后召见周天子，这对孔子来说是不可接受的，所以他说晋文公诡诈。齐桓公打着“尊王”的旗号称霸，孔子认为他的做法符合于礼的规定。所以，他对晋文公、齐桓公做出上述评价。

【原文】

子路曰：“桓公杀公子纠①，召忽②死之，管仲不死。”曰：“未仁乎？”子曰：“桓公九合诸侯③，不以兵车④，管仲之力也。如其仁⑤，如其仁。”

【注释】

①公子纠：齐桓公的哥哥。齐桓公与他争位，杀掉了他。

②召忽：管仲和召忽都是公子纠的家臣。公子纠被杀后，召忽自杀，管仲归服于齐桓公，并当上了齐国的宰相。

③九合诸侯：指齐桓公多次召集诸侯盟会。

④不以兵车：即不用武力。

⑤如其仁：这就是他的仁德。

【译文】

子路说："齐桓公杀死了公子纠，公子纠的师傅召忽也死了，另一师傅管仲活着。"接着又说："管仲不能称为有仁德了吧？"孔子说："桓公多次与各诸侯国盟会，不用兵力，这都是管仲的力量啊。像他这样的就是仁啊，像他这样就是仁啊！"

【评析】

孔子提出"事君以忠"。公子纠被杀了，召忽自杀以殉其主，而管仲却没有死，不仅如此，他还归服了其主的政敌，担任了宰相，这样的行为应当属于对其主的不忠。但孔子这里却认为管仲帮助齐桓公召集诸侯会盟，而不依靠武力，是依靠仁德的力量，值得称赞。

【原文】

子贡曰："管仲非仁者与？桓公杀公子纠，不能死，又相之。"子曰："管仲相桓公，霸诸侯，一匡天下，民到于今受其赐。微[①]管仲，吾其被发左衽[②]矣。岂若匹夫匹妇之为谅[③]也，自经

[④]于沟渎[⑤]而莫之知也？”

【注释】

①微：无，没有。

②被发左衽：被，同“披”。衽，衣襟。“被发左衽”是当时的夷狄之俗。

③谅：遵守信用。这里指小节小信。

④自经：上吊自杀。

⑤渎：小沟渠。

【译文】

子贡说：“管仲不是仁德的人吧？齐桓公杀了公子纠，他没有死，还去辅佐齐桓公。”孔子说：“管仲辅佐桓公，称霸诸侯，匡正天下，人民到今天还受到他们的好处。假如没有管仲，我们这些人早就披散着头发，向左敞开衣襟，成为野蛮人了。怎么能够像匹夫匹妇那样谨守诚信，自杀于沟壑之中而没人知道呢？”

【评析】

本章和上一章都是评价管仲。孔子也曾在别的章节中说到管仲的不是之处，但总的来说，他肯定了管仲有仁德。根本原因就在于管仲“尊王攘夷”，反对使用暴力，而且阻止了齐鲁之地被“夷化”的可能。孔子认为，像管仲这样有仁德的人，不必像匹夫匹妇那样，斤斤计较他的节操与信用。

【原文】

公叔文子之臣大夫僎[①]与文子同升诸公[②]。子闻之，曰：“可以为‘文’矣。”

【注释】

①僎：人名。公叔文子的家臣。

②升诸公：公，公室。这是说僎由家臣升为大夫，与公叔文子同位。

【译文】

公叔文子的家臣大夫僎和文子一同晋升为国家大臣。孔子听说了这件事，说：“可以称他为‘文’了。”

【原文】

子言卫灵公之无道也，康子曰：“夫如是，奚而不丧？”孔子曰："仲叔圉[①]治宾客，祝鮀治宗庙，王孙贾治军旅。夫如是，奚其丧？"

【注释】

①仲叔圉：圉，即孔文子。他与后面提到的祝鮀、王孙贾都是卫国的大夫。

【译文】

孔子谈到卫灵公的无道，康子说："既然如此，为什么没亡国呢？"孔子答道："有仲叔圉为他管理接待宾客，有祝鮀为他管理宗庙祭祀，有王孙贾为他管理军队。像这样，怎么能亡国呢？"

【原文】

子曰："其言之不怍[①]，则为之也难。"

【注释】

①怍：惭愧的意思。

【译文】

孔子说："一个人说大话而不知惭愧，那么他实行诺言也很难了。"

【原文】

陈成子[①]弑简公[②]。孔子沐浴而朝，告于哀公曰："陈恒弑其君，请讨之。"公曰："告夫三子[③]！"孔子曰："以吾从大夫之后[④]，不敢不告也。君曰'告夫三子'者！"之[⑤]三子告，不可。孔子曰："以吾从大夫之后，不敢不告也。"

【注释】

①陈成子：即陈恒，齐国大夫，又叫田成子。他以大斗借出，小斗收进的方法受到百姓拥护。公元前481年，他杀死齐简公，夺取了政权。

②简公：齐简公，姓姜名壬。公元前484—前481年在位。

③三子：指季孙、孟孙、叔孙三家。

④从大夫之后：孔子曾任过大夫职，但此时已经去官家居，所以说从大夫之后。

⑤之：动词，往。

【译文】

陈成子杀了齐简公。孔子斋戒沐浴后上朝，告诉鲁哀公说："陈恒杀了他的君主，请出兵征讨他。"鲁哀公说："你去告诉季孙、仲孙、孟孙三人吧！"孔子说："因为我曾经做过大夫，不敢不来报告。可国君却说'告诉那三个大夫！'"到了三个大夫那里报告，三个大夫不肯出兵。孔子说："因为我做过大夫，不敢不报告啊！"

【评析】

陈成子杀死齐简公，这在孔子看来真是"不可忍"的事情。尽管他已经退官家居了，但他还是郑重其事地把此事告诉了鲁哀公，当然这违背了"不在其位，不谋其政"的戒律。他的请求遭到哀公的婉拒，所以孔子心里一定是很抱怨，但又无能为力。

【原文】

子路问事君。子曰："勿欺也，而犯之。"

【译文】

子路问怎样服侍君主。孔子说："不要欺骗国君，而可以触犯规谏他。"

【原文】

子曰："君子上达，小人下达。"

【译文】

孔子说："君子通达仁义，小人通达财利。"

【评析】

对于"上达""下达"的解释，在学术界有所不同。另两种观点，一是上达于道，下达于器，即农工商各业；二是上达长进向上，日进乎高明；下达是沉沦向下，日究乎污下。可供读者分析判别。

【原文】

子曰："古之学者为己，今之学者为人。"

【译文】

孔子说："古代学者做学问在于提高自己，当今的学者做学问是为了给别人看。"

【原文】

蘧伯玉[①]使人于孔子。孔子与之坐而问焉，曰："夫子何为？"对曰："夫子欲寡其过而未能也。"使者出。子曰："使乎！使乎！"

【注释】

①蘧伯玉：蘧，人名，卫国的大夫，名瑗，孔子到卫国时曾住在他的家里。

【译文】

蘧伯玉派一位使者来探望孔子。孔子让了座之后问道：“老人家在做什么？”使者回答说：“他想减少自己的过失却还没办到。”使者出去以后，孔子说：“好使者呀！好使者呀！”

【原文】

子曰：“不在其位，不谋其政。”曾子曰：“君子思不出其位。”

【译文】

孔子说：“不在那个职位上，不谋那个政事。”曾子说：“君子考虑的事情不超出自己岗位的范围。”

【评析】

“不在其位，不谋其政”，这是被人们广为传说的一句名言。这是孔子对于学生们今后为官从政的忠告。他要求为官者各负其责，各司其职，脚踏实地，做好本职分内的事情。“君子思不出位”也同样是这个意思。这是孔子的一贯思想，与“正名分”的主张是完全一致的。

【原文】

子曰：“君子耻其言而过其行。”

【译文】

孔子说：“君子以说得多做得少为耻辱。”

【评析】

这句话极为精炼，但含义深刻。孔子希望人们少说多做，而不要只说不做或多说少做。在社会生活中，总有一些夸夸其谈的人，他们口若悬河，滔滔不绝，说尽了大话、套话、虚话，但到头来，一件实事未做，给集体和他人造成极大的不良影响。因此，对照孔子所说的这句话，有此类习惯的人，似乎应当有所警戒了。

【原文】

子曰：“君子道者三，我无能焉！仁者不忧，知者不惑，勇者不惧。”子贡曰：“夫子自道也。”

【译文】

孔子说：“君子遵行的道有三点，我没有做到：仁德的人没有忧虑，智慧的人没有迷惑，勇敢的人没有畏惧。”子贡说：“这正是他老人家自己所遵循的道。”

【评析】

作为君子，孔子认为其必需的品格有许多，这里他强调指出了其中的三个方面：仁、智、勇。在《子罕》篇第九当中，孔子也讲到以上这三个方面。

【原文】

子贡方人[①]。子曰：“赐也贤乎哉[②]？夫我则不暇。”

【注释】

①方人：评论、诽谤别人。

②赐也贤乎哉：疑问语气，批评子贡不贤。

【译文】

子贡对别人评头论足。孔子说：“赐啊你就比别人好吗？我没有闲工夫。”

【原文】

子曰："不患人之不己知，患其不能也。"

【译文】

孔子说："不怕别人不了解自己，只怕自己没有能力。"

【原文】

子曰："不逆诈，不臆不信，抑亦先觉者，是贤乎！"

【注释】

①逆：迎。预先猜测。

②亿：同"臆"，猜测的意思。

【译文】

孔子说："不要猜测别人欺诈自己，不要揣度别人不诚实，能够事先查出来的，才是贤者。"

【原文】

微生亩[1]谓孔子曰："丘何为是[2]栖栖[3]者与？无乃为佞乎？"孔子曰："非敢为佞也，疾固[4]也。"

【注释】

①微生亩：鲁国人。

②是：如此。

③栖栖：忙碌不安、不安定的样子。

④疾固：疾，恨。固，固执。

【译文】

微生亩对孔子说："您为什么这样忙忙碌碌呢？不是为了显示自己的口才吧？"孔子说："哪里敢显示自己的口才，而是痛恨人们的顽固无知啊！"

【原文】

子曰："骥[①]不称其力，称其德也。"

【注释】

①骥：千里马。古代称善跑的马为骥。

【译文】

孔子说："对千里马不是称赞它的力量，而是称赞它的品质。"

【原文】

或曰："以德报怨，何如？"子曰："何以报德？以直报怨，以德报德。"

【译文】

有人说："用恩德来回报仇怨，这样做怎么样？"孔子说："那用什么来回报恩德呢？应该是用正直回报仇怨，用恩德来回报恩德。"

【评析】

孔子不同意"以德报怨"的做法，认为应当是"以直报怨"。这是说，不以有旧恶旧怨而改变自己的公平正直，也就是坚持了正直，"以直报怨"对于个人道德修养极为重要，但用在政治领域，有时就不那么适宜了。

【原文】

子曰："莫我知也夫！"子贡曰："何为其莫知子也？"子曰："不怨天，不尤①人，下学而上达②。知我者其天乎！"

【注释】

①尤：责怪、怨恨。

②下学上达：下学学人事，上达达天命。

【译文】

孔子说："没有人了解我啊！"子贡说："怎么会没人了解您呢？"孔子说："不怨恨天，不责备人，学习知识而通达高深的学问。了解我的只有上天吧！"

【原文】

公伯寮[①]愬[②]子路于季孙。子服景伯[③]以告，曰："夫子固有惑志于公伯寮，吾力犹能肆诸市朝[④]。"子曰："道之将行也与，命也；道之将废也与，命也。公伯寮其如命何！"

【注释】

①公伯寮：姓公伯名寮，字子周，孔子的学生，曾任季氏的家臣。

②愬：(音)，同"诉"，告发，诽谤。

③子服景伯：鲁国大夫，姓子服名伯，景是他的谥号。

④肆诸市朝：古时处死罪人后陈尸示众。

【译文】

公伯寮在季孙面前诽谤子路。大夫子服景伯告诉了孔子，说："季孙已经被公伯寮迷惑了，我的力量还能让他陈尸在集市上。"孔子说："我主张的礼乐之道实行了吗？这是命啊；礼乐之道将要废掉了吗？也是命啊。公伯寮在命运面前又能怎么样呢！"

【评析】

在本章里，孔子又一次谈到自己的天命思想。"道"能否推行，在天命而不在人为，即所谓"谋事在人，成事在天"。

【原文】

子曰："贤者辟[①]世，其次辟地，其次辟色，其次辟言。"子曰："作者七人[②]矣。"

【注释】

①辟：同"避"，逃避。

②七人：即伯夷、叔齐、虞仲、夷逸、朱张、柳下惠、少连。

【译文】

孔子说："贤良的人逃避乱世而隐居，其次逃避别地而居，再其次回避不好的脸色，再其次回避不好的言论。”孔子说：“这样做的已经有七个人了。”

【评析】

这一章里讲为人处世的道理。人不能总是处于一帆风顺的环境里，身居逆境，怎样做？这是孔子教授给弟子们的处世之道。

【原文】

子击磬[①]于卫，有荷蒉[②]而过孔氏之门者，曰：“有心哉，击磬乎！”既而曰：“鄙哉，硁硁[③]乎！莫己知也，斯已而已矣。深则厉[④]，浅则揭[⑤]。”子曰：“果哉！末[⑥]之难[⑦]矣。”

【注释】

①磬：一种打击乐器的名称。

②荷蒉：荷，肩扛。蒉，草筐，肩背着草筐。

③硁硁：击磬的声音。

④深则厉：穿着衣服涉水过河。

⑤浅则揭：提起衣襟涉水过河。“深则厉，浅出揭”是《诗经·卫风·匏有苦叶》的诗句。

⑥末：无。

⑦难：责问。

【译文】

孔子在卫国时，有一天正敲着磬，有一个挑着草筐的人从孔子门前经过，听到磬声说："有深意啊，这击磬声！"过了一会又说："鄙陋啊，这声！没人知道自己，自己就算了吧！水深就穿着衣服涉水，水浅就提起衣襟过去。"孔子说："果决啊！这样就没什么难的了。"

【原文】

子张曰："《书》云：'高宗[①]谅阴[②]，三年不言。'何谓也？"子曰："何必高宗，古之人皆然。君薨[③]，百官总己以听于冢宰[④]三年。"

【注释】

①高宗：商王武宗。

②谅阴：古时天子守丧之称。

③薨：周代时诸侯死称此。

④冢宰：官名，相当于后世的宰相。

【译文】

子张说：“《尚书》上说：‘殷高宗守孝，三年不说话。’这是为什么呢？”孔子说：“哪里只是高宗呢，古人都是这样。国君死了，各部门官员自己的事务要听从宰相三年。”

【评析】

子女为父母守丧三年的习惯在孔子以前就有，《尚书》中就有这样的记载。对此，孔子持肯定态度，即使国君，其父母去世了，也在继位后三年内不理政事，平民百姓更是如此了。

【原文】

子曰：“上好礼，则民易使也。”

【译文】

孔子说：“国君喜好以礼行事，那么也就容易使百姓听从了。”

【原文】

子路问君子。子曰：“修己以敬。”曰：“如斯而已乎？”

曰："修己以安人[①]。"曰："如斯而已乎？"曰："修己以安百姓。修己以安百姓[②]，尧舜其犹病诸。"

【注释】

①安人：使上层人物安乐。

②安百姓：使老百姓安乐。

【译文】

子路问怎样可以成为君子。孔子说："提高自己的修养以达到恭谨待人。"子路说："这样就可以了吗？"孔子说："修养自己以使别人安乐。"子路说："这样就可以了吗？"孔子说："修养自己以使百姓安乐。修养自己以使百姓安乐，尧舜能够完全做到吗？"

【评析】

本章里孔子再谈君子的标准问题。他认为，修养自己是君子立身处世和管理政事的关键所在，只有这样做，才可以使上层人物和老百姓都得到安乐，所以孔子的修身，更重要的在于治国平天下。

【原文】

原壤[1]夷俟[2]。子曰：“幼而不孙弟[3]，长而无述焉，老而不死，是为贼。”以杖叩其胫。

【注释】

①原壤：鲁国人，孔子的旧友。他母亲死了，他还大声歌唱，孔子认为这是大逆不道。

②夷俟：夷，双腿分开而坐。俟，等待。

③孙弟：同逊悌。

【译文】

孔子的老朋友原壤叉开两腿坐在地上等着孔子。孔子说道：“你小时候不懂礼貌不讲孝悌，长大了也没有什么可称道的，老了还不死，真是个害人精。”说完用手杖敲他的小腿。

【原文】

阙党[1]童子将命[2]。或问之曰：“益者与？”子曰：“吾见其居于位[3]也，见其与先生并行也。非求益者也，欲速成者也。”

【注释】

①阙党：即阙里，孔子家住的地方。

②将命：在宾主之间传言。

③居于位：童子与长者同坐。

【译文】

乡党的童子给孔子传递消息。有人问孔子说：“这是求上进的人吗？”孔子说：“我看见他坐在正位上，看见他与长辈并排走。他不是求上进的人，是想赶快成人的人。”

【评析】

孔子特别注重长幼有序。这是儒家的一贯主张。除了在家庭里讲孝、讲悌以外，年幼者在家庭以外的地方还必须尊敬长者。

卫灵公篇第十五

《卫灵公》篇包括42章，其中著名文句有：“无为而治”；“志士仁人，无求生以害仁，有杀身以成仁”；“人无远虑，必有近忧”；“躬自厚而薄责于人”；“君子求诸己，小人求诸人”；“己所不欲，勿施于人”；“小不忍则乱大谋”；“人能弘道，非道弘人”；“当仁不让于师”；“有教无类”；“道不同，不相为谋”。本篇内容涉及孔子的“君子小人”观的若干方面、孔子的教育思想和政治思想，以及孔子在其他方面的言行。

【原文】

卫灵公问陈①于孔子。孔子对曰：“俎豆②之事，则尝闻之矣；军旅之事，未尝学也。”明日遂行。

【注释】

①陈：同“阵”，军队作战时，布列的阵势。

②俎豆：俎，。俎豆是古代盛食物的器皿，被用作

祭祀时的礼器。

【译文】

卫灵公问孔子关于军队布阵的事。孔子回答说："有关礼仪的事，我曾听说过；军队的事，我没学过。"第二天就离开了卫国。

【评析】

卫灵公向孔子寻问有关军事方面的问题，孔子对此很不感兴趣。从总体上讲，孔子反对用战争的方式解决国与国之间的争端，当然在具体问题上也有例外。孔子主张以礼治国，礼让为国，所以他以上面这段话回答了卫灵公，并于次日离开了卫国。

【原文】

在陈绝粮，从者病，莫能兴。子路愠[①]见曰："君子亦有穷乎？"孔子说："君子固穷[②]，小人穷斯滥矣。"

【注释】

①愠：怒，怨恨。

②固穷：固守穷困，安守穷困。

【译文】

孔子在陈国断绝了粮食，跟随他的人都病得起不来了。子路很生气地来见孔子，说："君子也有穷困的时候吗？"孔子说："君子虽然穷，但能坚持节操，小人穷就该越轨了。"

【评析】

从本章开始，以后又有若干章谈及君子与小人在某些方面的区别。这里，孔子说到面对穷困潦倒的局面，君子与小人就有了显而易见的不同。

【原文】

子曰："赐也，女以予为多学而识之者与？"对曰："然，非与？"曰："非也，予一以贯之。"

【译文】

孔子说："赐啊，你以为我是博学而又能记得住的人吗？"赐回答说："是呀，不是这样吗？"孔子说："不对呀，这是用一个最基本的思想贯穿它。"

【评析】

这里，孔子讲到“一以贯之”，这是他学问渊博的根本所在。那么，这个“一”指什么？文中没有讲明。我们认为，“一以贯之”，就是在学习的基础上，认真思考，从而悟出其中内在的东西。孔子在这里告诉子贡和其他学生，要学与思相结合，认真学习，深切领悟。

【原文】

子曰：“由！知德者鲜矣。”

【译文】

孔子说：“由！懂得德的人太少了。”

【原文】

子曰：“无为而治①者其舜也与？夫②何为哉？恭己正南面而已矣。”

【注释】

①无为而治：国家的统治者不必有所作为便可以治理国家了。

②夫：代词，他。

【译文】

孔子说："自己从容而使天下太平的大概只有舜吧？还需要他干什么呢？只是恭恭敬敬地端坐在朝廷上就可以了。"

【评析】

"无为而治"是道家所称赞的治国方略，符合道家思想的一贯性。这里，孔子也赞赏无为而治并以舜为例加以说明，这表明，主张积极进取的儒家十分留恋三代的法度礼治，但在当时的现实生活中并不一定要求统治者无为而治。在孔子的观念中，不是无为而治，而是礼治。

【原文】

子张问行。子曰："言忠信，行[①]笃敬，虽蛮貊[②]之邦，行矣。言不忠信，行不笃敬，虽州里[③]，行乎哉？立则见其参[④]于前也，在舆则见其倚于衡[⑤]也，夫然后行。"子张书诸绅[⑥]。

【注释】

①行：通达的意思。

②蛮貊：古人对少数民族的贬称，蛮在南，貊，在北方。

③州里：五家为邻，五邻为里。五党为州，二千五百家。州里指近处。

④参：列，显现。

⑤衡：车辕前面的横木。

⑥绅：贵族系在腰间的大带。

【译文】

子张问应该怎样行事。孔子说："说话要忠诚老实，行为要忠厚恭谨，即使到了南蛮、北貊的部落里，也都能行得通。说话不忠诚老实，行为不忠厚恭谨，即使在自己的小州里，能行得通吗？站着时就好像忠信笃敬立在眼前，坐在车上就好像看见它刻在车前的横木上，只有这样才能处处行得通。"子张把这些话写在了衣带子上。

【原文】

子曰："直哉史鱼[①]！邦有道，如矢；邦无道，如矢[②]。君子哉蘧伯玉！邦有道，则仕；邦无道，则可卷[③]而怀之。"

【注释】

①史鱼：卫国大夫，名鰌，字子鱼，他多次向卫灵公推荐蘧伯玉。

②如矢：矢，箭，形容其直。

③卷：同“捲”。

【译文】

孔子说：“正直啊，史鱼！国家政治清明，他像箭一样直，国家政治混乱，他也像箭一样直。君子啊，蘧伯玉！国家政治清明时，就出来做官，国家政治混乱时，就把本领收藏起来而隐居。”

【评析】

从文中所述内容看，史鱼与伯玉是有所不同的。史鱼当国家有道或无道时，都同样直爽，而伯玉则只在国家有道时出来做官。所以，孔子说史鱼是“直”，伯玉是“君子”。

【原文】

子曰：“可与言而不与之言，失人；不可与言而与之言，失言。知者不失人，亦不失言。”

【译文】

孔子说：“可以与他交谈的人却不与他交谈，这是失掉了人；不可以与他交谈的人却与他交谈了，这是失掉了语言。明智的人既不失掉人，也不失掉语言。”

【原文】

子曰：“志士仁人，无求生以害仁，有杀身以成仁。”

【译文】

孔子说：“志士仁人，不能为求生而损害仁德，只能牺牲自己来成全仁德。”

【评析】

“杀身成仁”被近现代以来某些人加以解释和利用后，似乎已经成了贬义词。其实，我们认真、深入地去理解孔子所说的这段话，主要谈了他的生死观是以“仁”为最高原则的。生命对每个人来讲都是十分宝贵的，但还有比生命更可宝贵的，那就是“仁”。“杀身成仁”，就是要人们在生死关头宁可舍弃自己的生命也要保全“仁”。自古以来，它激励着多少仁人志士为国家和民族的生死存亡而抛头颅洒热血，谱写了一首首可歌可泣的壮丽诗篇。

【原文】

子贡问为仁。子曰：“工欲善其事，必先利其器。居是邦也，事其大夫之贤者，友其士之仁者。”

【译文】

子贡问怎样实行仁德。孔子说：“工匠想要做事，一定要先使工具锋利起来。居住在一个国家，要敬重那些大夫中的贤良的人，和士当中的仁德的人友好相处。”

【评析】

“工欲善其事，必先利其器”这句话在民间已为人们所熟知。这就是“磨刀不误砍柴工”。在本章中，孔子以此做比喻，说明实行仁德的方式，就是要事奉贤者，结交仁者，这是需要首先做到的。

【原文】

颜渊问为邦。子曰：“行夏之时[①]，乘殷之辂[②]，服周之冕[③]，乐则韶舞[4]。放[5]郑声[6]，远[7]佞人。郑声淫，佞人殆[8]。”

【注释】

①夏之时：夏代的历法，便于农业生产。

②殷之辂：辂，天子所乘的车。殷代的车是木制成，比较朴实。

③周之冕：周代的帽子。

④韶舞：是舜时的舞乐，孔子认为是尽善尽美的。

⑤放：禁绝、排斥、抛弃的意思。

⑥郑声：郑国的乐曲，孔子认为是淫声。

⑦远：远离。

⑧殆：危险。

【译文】

颜渊问怎样治理国家。孔子说：“推行夏朝的历法，乘坐殷朝的车子，戴周朝的帽子，采用《韶》《武》音乐。抛弃郑国的乐曲，远离谗佞小人。郑声淫荡，小人危险。”

【评析】

这里仍讲为人处世的道理。夏代的历法有利于农业生产，殷代的车子朴实适用，周代的礼帽华美，《韶》乐优美动听，这是孔子理想的生活方式。涉及礼的问题，他还是主张“复礼”，当然不是越古越好，而是有所选择。此外，还要禁绝靡靡之音，疏远佞人。

【原文】

子曰：“人无远虑，必有近忧。”

【译文】

孔子说：“一个人如果没有长远打算，一定会有眼前的忧患。”

【原文】

子曰：“已矣乎！吾未见好德如好色者也。”

【译文】

孔子说：“算了吧！我没看见过喜好仁德像喜好美貌一样的人。”

【原文】

子曰：“臧文仲其窃位者①与！知柳下惠②之贤而不与立也。”

【注释】

①窃位：身居官位而不称职。

②柳下惠：春秋中期鲁国大夫，姓展名获，又名禽，他受封的地名是柳下，惠是他的私谥，所以，人称其为柳下惠。

【译文】

孔子说："臧文仲是个窃取官位的人吧！知道柳下惠贤良却不荐举他给他官位。"

【原文】

子曰："躬自厚而薄责于人，则远怨矣。"

【译文】

孔子说："人如果多责备自己而少责备别人，就很少有怨恨了。"

【评析】

人与人相处难免会有各种矛盾与纠纷。那么，为人处事应该多替别人考虑，从别人的角度看待问题。所以，一旦发生了矛盾，人们应该多做自我批评，而不能一味指责别人的不是。责己严，待人宽，这是保持良好和谐的人际关系所不可缺少的原则。

【原文】

子曰："不曰'如之何①，如之何'者，吾末②如之何也已矣。"

【注释】

①如之何：怎么办的意思。

②末：这里指没有办法。

【译文】

孔子说："不考虑'怎么办，怎么办'的人，我也不知道该怎么办了。"

【原文】

子曰："群居终日，言不及义，好行小慧①，难矣哉！"

【译文】

孔子说："整天和大家聚在一起，却不说一句涉及仁义的话，只喜欢卖弄小聪明，这真是难办了！"

【原文】

子曰："君子义以为质①，礼以行之，孙以出之，信以成之。君子哉！"

【译文】

孔子说："君子行事应以义为根本，以礼义来实行，以谦逊的语言说出，以诚信的态度完成。这才是真的君子啊！"

【原文】

子曰："君子病无能焉，不病人之不己知也。"

【译文】

孔子说："君子忧虑自己没有能力，不忧虑别人不了解自己。"

【原文】

子曰："君子疾没世①而名不称焉。"

【注释】

①没世：死亡之后。

【译文】

孔子说："君子最嫉恨自己直到死也不能称名于世。"

【原文】

子曰："君子求诸己，小人求诸人。"

【译文】

孔子说："君子事事严格要求自己，小人事事严格要求别人。"

【原文】

子曰："君子矜[1]而不争，群而不党。"

【注释】

①矜：庄重的意思。

【译文】

孔子说："君子庄重而不与人争长论短，能与众人相处而不搞帮派。"

【原文】

子曰："君子不以言举人，不以人废言。"

【译文】

孔子说："君子不单凭语言来荐举人，也不单凭人来废除他的言论。"

【评析】

从18章到23章，这6章基本上全都是讲君子的所作所为以及与小人的不同。什么是君子呢？孔子认为，他应当注重义、礼、逊、信的道德准则；他严格要求自己，尽可能做到立言立德立功的"三不朽"，传名于后世；他行为庄重，与人和谐，但不结党营私，不以言论重用人，也不以人废其言，等等。当然，这只是君子的一部分特征。

【原文】

子贡问曰："有一言而可以终身行之者乎？"子曰："其恕乎！己所不欲，勿施于人。"

【译文】

子贡问孔子说：“有一句可以终身奉行的话吗？”孔子说：“那就是恕道吧！自己所不喜欢的，不要强加给别人。”

【评析】

“忠恕之道”可以说是孔子的发明。这个发明对后人影响很大。孔子把“忠恕之道”看成是处理人际关系的一条准则，这也是儒家伦理的一个特色。这样，可以消除别人对自己的怨恨，缓和人际关系，安定当时的社会秩序。

【原文】

子曰：“吾之于人也，谁毁谁誉？如有所誉者，其有所试矣。斯民也，三代之所以直道而行也①。”

【译文】

孔子说：“我对于别人，诋毁过谁？赞誉过谁？如果赞誉谁了，那一定是经过考验了。夏、商、周三代的人都是以正直之道而行世的人，他们都是这样。”

【原文】

子曰："吾犹及史之阙文[①]也。有马者借人乘之[②]，今亡矣夫！"

【注释】

①阙文：史官记史，遇到有疑问的地方便缺而不记，这叫作阙文。

②有马者借人乘之：有人认为此句系错出，另有一种解释为：有马的人自己不会调教，而靠别人训练。本书依从后者。

【译文】

孔子说："我还能看到史书上缺少文字记载的现象。有马的人先借给别人骑，这样的事现在没有了。"

【原文】

子曰："巧言乱德。小不忍则乱大谋。"

【译文】

孔子说："花言巧语能败坏德行。小事不能忍耐就会败坏大事情。"

【评析】

“小不忍则乱大谋”，这句话在民间极为流行，甚至成为一些人用以告诫自己的座右铭。的确，这句话包含有智慧的因素，尤其对于那些有志于修养大丈夫人格的人来说，此句话是至关重要的。有志向、有理想的人，不会斤斤计较个人得失，更不应在小事上纠缠不清，而应有开阔的胸襟，远大的抱负，只有如此，才能成就大事，从而达到自己的目标。

【原文】

子曰：“众恶之，必察焉；众好之，必察焉。”

【译文】

孔子说：“大家都讨厌的人，一定要考察他；大家都喜欢的人，也一定要考察他。”

【评析】

这一段讲了两个方面的意思。一是孔子决不人云亦云，不随波逐流，不以众人之是非标准决定自己的是非判断，而要经过自己大脑的独立思考，经过自己理性的判断，然后再做出结论。二是一个人的好与坏不是绝对的，在不同的地点，不同的人们心目中，往往有很大的差别。所以孔子必定用自己的标准去评判他。

【原文】

子曰："人能弘道，非道弘人。"

【译文】

孔子说："人能够使道发扬光大，却不能用道来光大人。"

【评析】

人必须首先修养自身、扩充自己、提高自己，才可以把道发扬光大，反过来，以道弘人，用来装点门面，哗众取宠，那就不是真正的君子之所为。这两者的关系是不可以颠倒的。

【原文】

子曰："过而不改，是谓过矣。"

【译文】

孔子说："有了过错不改正，那是真正的过错了。"

【评析】

“从非圣贤，孰能无过？”但关键不在于过，而在于能否改过，保证今后不再重犯同样的错误。也就是说，有了过错并不可怕，可怕的是坚持错误，不加改正。孔子以“过而不改，是谓过矣”的简练语言，向人们道出了这样一个真理，这是对待错误的唯一正确态度。

【原文】

子曰：“吾尝终日不食，终夜不寝，以思，无益，不如学也。”

【译文】

孔子说：“我曾经整天不吃，整夜不睡，冥思苦想，没有得到什么，不如踏踏实实去学习。”

【评析】

这一章讲的是学与思的关系问题。在前面的一些章节中，孔子已经提到“学而不思则罔，思而不学则殆”的认识，这里又进一步加以发挥和深入阐述。思是理性活动，其作用有两方面，一是发觉言行不符合或者违背了道德，就要改正过来；另一方面是检查自己的言行符合道德标准，就要坚持下去。但学和思不可以偏废，只学不思不行，只思不学也是十分危险的。总之，思与学相结合才能使自己成为德行、有学问的人。这是孔子教育思想的组成部分。

【原文】

子曰："君子谋道不谋食。耕也，馁[1]在其中矣；学也，禄[2]在其中矣。君子忧道不忧贫。"

【注释】

①馁：饥饿。

②禄：做官的俸禄。

【译文】

孔子说："君子要谋求道而不要谋求食。种地，常常会挨饿；学习，就会得到官禄。君子忧虑道能不能实行，而不忧虑是否贫穷。"

【原文】

子曰："知及之[1]，仁不能守之；虽得之，必失之。知及之，仁能守之。不庄以莅之，则民不敬。知及之，仁能守之，庄以莅[2]

之，动之不以礼，未善也。”

【注释】

①知及之：知，同“智”。之，一说是指百姓，一说是指国家。此处我们认为指禄位和国家天下。

②莅：临，到的意思。

【译文】

孔子说：“智慧所能达到的，却不能靠仁德守住国家；虽然得到了，也一定会失去。智慧所能达到，靠仁德又能守住国家。不以庄严的态度君临百姓之上，百姓则不会敬重你。智慧所能达到的，仁德又能守住国家，以庄严的态度君临百姓之上，假如不以礼义治理国家，也是不完善的。”

【原文】

子曰：“君子不可小知[①]而可大受也，小人不可大受[②]而可小知也。”

【注释】

①小知：知，作为的意思，做小事情。

②大受：受，责任，使命的意思，承担大任。

【译文】

孔子说："君子不必要小聪明而可以接受重任，小人不能承担重任而却需要小聪明。"

【原文】

子曰："民之于仁也，甚于水火。水火，吾见蹈而死者矣，未见蹈仁而死者也。"

【译文】

孔子说："人民对仁德的需要，超过了对水火的需要。水火，我看见进入水火中而死的人，却从没见过履行仁德而死的人。"

【原文】

子曰："当仁，不让于师。"

【译文】

孔子说："在仁德面前，就是自己的老师也不能谦让。"

【评析】

孔子和儒家特别重视师生关系的和谐，强调师道尊严，学生不可违背老师。这是在一般情况下。但是，在仁德面前，即使是老师，也不谦让。这是把实现仁德摆在了第一位，仁是衡量一切是非善恶的最高准则。

【原文】

子曰："君子贞①而不谅②。"

【注释】

①贞：一说是"正"的意思，一说是"大信"的意思。这里选用"正"的说法。

谅：信，守信用。

【译文】

孔子说："君子有坚定的性格但不固执。"

【评析】

前面孔子曾说过："言必信，行必果"这不是君子的作为，而是小人的举动。孔子注重"信"的道德准则，但它必须以“道”为前提，即服从于仁、礼的规定。离开了仁、礼这样的大原则，而讲什么“信”，就不是真正的信。

【原文】

子曰：“事君，敬其事而后其食[1]。”

【注释】

①食：食禄，俸禄。

【译文】

孔子说：“侍奉君主，要恭敬地做事然后再想着俸禄。”

【原文】

子曰：“有教无类。”

【译文】

孔子说：“教育人不分任何类别。”

【评析】

孔子的教育对象、教学内容和培养目标都有自己的独特性。他办教育，反映了当时文化下移的现实，学在官府的局面得到改变，除了出身贵族的子弟可以受教育外，其他各阶级、阶层都有了受教育的可能性和某种机会。他广招门徒，不分种族、氏族，都可以到他的门下受教育。所以，我们说，孔子是中国古代伟大的教育家，开创了中国古代私学的先例，奠定了中国传统教育的基本思想。

【原文】

子曰：“道不同，不相为谋。”

【译文】

孔子说：“主张不同，不能在一起相互谋事。”

【原文】

子曰：“辞达而已矣。”

【译文】

孔子说：“言辞只要能表达意思就可以了。”

【原文】

师冕[①]见，及阶，子曰：“阶也。”及席，子曰：“席也。”皆坐，子告之曰：“某在斯，某在斯。”师冕出。子张问曰：“与师言之道与？”子曰：“然；固相[②]师之道也[②]。”

【注释】

①师冕：乐师，这位乐师的名字是冕。

②相：帮助。

【译文】

盲人乐师冕来见孔子，走到台阶前，孔子说：“这是台阶。”走到座席前，孔子说：“这是座席。”大家坐下以后，孔子告诉乐师冕说：“某人在这里，某人在这里。”乐师冕出去以后，子张问道：这是同乐师谈话的方式吗？”孔子说：“是的；这本来是帮助乐师的方式。”

季氏篇第十六

《季氏》篇包括14章，其中著名的文句有：“不患寡而患不均，不患贫而患不安”；“生而知之”；“君子有三戒：少之时，血气未定，戒之在色；及其壮也，血气方刚，戒之在斗；及其老也，血气既衰，戒之在得”；“君子有三畏：畏天命，畏大人，畏圣人之言”。本篇主要谈论的问题包括孔子及其学生的政治活动、与人相处和结交时注意的原则、君子的三戒、三畏和九思等。

【原文】

季氏将伐颛臾[①]。冉有、季路见于孔子曰：“季氏将有事[②]于颛臾。”孔子曰：“求！无乃尔是过与？夫颛臾，昔者先王以为东蒙主[③]，且在邦域之中矣，是社稷之臣也。何以伐为？”冉有曰：“夫子欲之，吾二臣者皆不欲也。”孔子曰：“求！周任[④]有言曰：‘陈力就列[⑤]，不能者止。’危而不持，颠而不扶，则将焉用彼相[⑥]矣？且尔言过矣，虎兕[⑦]出于柙[⑧]，龟玉毁于椟[⑨]中，是谁之过与？”冉有曰：“今夫颛臾，固而近于费[⑩]。今不取，后世必为子孙忧。”孔子曰：“求！君子疾夫舍曰欲之，而必为之辞。丘也闻有国有家者，不患寡而患不均，不患贫而患不安。盖均无贫，和无寡，安无倾。夫如是，故远人不服，是修文德以来之。既来之，则安之。今由与求也，相夫子，远人不服而不能来也，邦分崩离析而不能守也；而谋动干戈于邦内。吾恐季孙之忧不在颛臾，而在萧墙⑫之内也。”

【注释】

①颛臾：鲁国的附属国，在今山东省费县西。

②有事：指有军事行动，用兵作战。

③东蒙主：东蒙，蒙山。主，主持祭祀的人。

④周任：人名，周代史官。

⑤陈力就列：陈力，发挥能力，按才力担任适当的职务。

⑥相：搀扶盲人的人叫相，这里是辅助的意思。

⑦兕：。雌性犀牛。

⑧柙：用以关押野兽的木笼。

⑨椟：匣子。

⑩费：季氏的采邑。

⑪贫、寡：可能有错误，应为寡、贫。

⑫萧墙：照壁屏风。指宫廷之内。

【译文】

季氏将要讨伐颛臾。冉有、季路来见孔子说：“季氏将要对颛臾使用兵力。”孔子说：“冉求！难道不该责备你吗？颛臾，先王曾封它为东蒙山主持祭祀的，而且又在鲁国境域之内，是守卫社稷的臣啊！为什么要去讨伐它呢？”冉有说：“季氏要这么做，我们两人不愿意这样做呀！”孔子说：“冉求！古代史官周任有一句话说：‘能施展自己能力就在位上，不能的就罢休。’国家倾危而不能相持，颠覆而不能扶正，那还用你们这些想干什么呢？况且你的话本身就错了，老虎和犀牛从槛里跑出来，龟甲和美玉毁坏在匣子里，是谁的过错？”冉有说：“如今颛臾，城墙坚固而又接近季氏的采邑费地。现在不攻取它，必定为后代子孙留下祸患。”孔子说：“冉求！君子讨厌不说自己贪心，而一定要另找托词。我听说有国有家的人，不担忧人少而担忧不平均，不担忧贫穷而担忧不安定。人人均等便没有贫穷，和平安定便不觉得人少，国家平定便没有倾危。如果能做到这样，远方的人还不归服，就用修正礼乐仁德来招致他们。他们已经来了，就安抚他们。如今冉求和仲由，辅佐季孙，颛臾不能归服也不能招致来，国家分裂而又不能守卫，却想在国境内使用武力，我担心季孙的忧患不在颛臾，而在自己家的宫墙之内了。”

【评析】

这一章又反映出孔子的反战思想。他不主张通过军事手段解决国际、国内的问题，而希望采用礼、义、仁、乐的方式解决问题，这是孔子的一贯思想。此外，这一章里孔子还提出了“不患贫而患不均，不患寡而患不安”。朱熹对此句的解释是：“均，谓各得其分；安，谓上下相安。”这种思想对后代人的影响很大，甚至成为人们的社会心理。就今天而言，这种思想有消极的一面，基本不适宜现代社会，这是应该指出的。

【原文】

孔子曰：“天下有道，则礼乐征伐自天子出；天下无道，则礼乐征伐自诸侯出。自诸侯出，盖十世希不失矣[①]；自大夫出，五世希不失矣；陪臣执国命[②]，三世希不失矣。天下有道，则政不在大夫。天下有道，则庶人不议。”

【译文】

孔子说："天下政治清明，礼乐征伐的诏令都出自于天子；天下政治昏暗时，礼乐征伐的命令都出自于诸侯。出自于诸侯，大概十代之内很少有不失掉国家的；出自于大夫，五代之内很少有不失国家的；由大夫的家臣执掌国家政权，三代之内很少不失去政权的。天下政治清明，那么政权不会掌握在大夫手中。天下政治清明，那么百姓不会议论纷纷。"

【评析】

"天下无道"指什么？孔子这里讲，一是周天子的大权落入诸侯手中，二是诸侯国家的大权落入大夫和家臣手中，三是老百姓议论政事。对于这种情况，孔子极感不满，认为这种政权很快就会垮台。他希望回到"天下有道"的那种时代去，政权就会稳定，百姓也相安无事。

【原文】

孔子曰："禄之去公室五世①矣，政逮②于大夫四世③矣，故夫三桓④之子孙微矣。"

【注释】

①五世：指鲁国宣公、成公、襄公、昭公、定公五世。

②逮：及。

③四世：指季孙氏文子、武子、平子、桓子四世。

④三桓：鲁国仲孙、叔孙、季孙都出于鲁桓公，所以叫三桓。

【译文】

孔子说：“国家政权离开鲁君已经五代了，政权到大夫手里已经四代了，所以桓公的三房子孙现在都已经衰微了。”

【评析】

三桓掌握了国家政权，这是春秋末期的一种政治变革，对此，孔子表示不满。本章里孔子对当时社会政治形势提出了自己的认识和态度。孔子的观点是，社会政治变革就是“天下无道”，这还是基于他的“礼治”的思想，希望变为“天下有道”的政治局面。

【原文】

孔子曰："益者三友，损者三友。友直，友谅[①]，友多闻，益矣。友便辟[②]，友善柔[③]，友便佞[④]，损矣。"

【注释】

①谅：诚信。

②便辟：惯于走邪道。

③善柔：善于和颜悦色骗人。

④便佞：惯于花言巧语。

【译文】

孔子说："有益的朋友有三种，有害的朋友有三种。结交正直的朋友，诚信的朋友，知识广博的朋友，是有益的。结交谄媚逢迎的人，结交表面奉承而背后诽谤人的人，结交善于花言巧语的人，是有害的。"

【原文】

孔子曰："益者三乐，损者三乐。乐节礼乐[①]，乐道人之善，乐多贤友，益矣。乐骄乐[②]，乐佚[③]游，乐晏乐[④]，损矣。"

【注释】

①节礼乐：孔子主张用礼乐来节制人。

②骄乐：骄纵不知节制的乐。

③佚：同“逸”。

④晏乐：沉溺于宴饮取乐。

【译文】

孔子说：“有益的快乐有三种，有害的快乐也有三种。以节制礼乐为快乐，以宣扬别人的优点为快乐，以广交贤良的朋友为快乐，是有益的。以骄恣淫乐为快乐，以放荡无度为快乐，以宴玩荒淫为快乐，都是有害的。”

【原文】

孔子曰：“侍于君子有三愆[①]，言未及之而言谓之躁，言及之而不言谓之隐，未见颜色而言谓之瞽[②]。”

【注释】

①愆：过失。

②瞽：盲人。

【译文】

孔子说："服侍君子容易犯三种错误，不应该说的却先说了，这叫作急躁，该说话时而不说这叫作隐瞒，不看君子的表情而随意说话这叫作瞎眼睛。"

【评析】

以上这几章，主要讲的是社会交往过程中应当注意的问题。交朋友要结交那些正直、诚信、见闻广博的人，而不要结交那些逢迎谄媚、花言巧语的人，要用礼乐调节自己，多多地称道别人的好处，与君子交往要注意不急躁、不隐瞒等等，这些对我们都有一定的参考价值。

【原文】

孔子曰："君子有三戒：少之时，血气未定，戒之在色；及其壮也[②]，血气方刚，戒之在斗。及其老也[③]，血气既衰，戒之在得。"

【译文】

孔子说："君子有三戒：年轻时，血气未定，要戒女色；到了壮年，血气方刚，要戒争斗。到了老年，血气已经衰弱，要戒贪得。”

【评析】

这是孔子对人从少年到老年这一生中需要注意的问题做出的忠告。这对今天的人们还是很有必要注意的。

【原文】

子曰：“君子有三畏：畏天命，畏大人，畏圣人之言。小人不知天命而不畏也，狎大人，侮圣人之言。”

【译文】

孔子说：“君子应该有三种畏惧：畏惧天命，畏惧身居高位的人，畏惧圣人的言论。小人不懂得天命因而也不畏惧，轻侮大人，蔑视圣人的言论。”

【原文】

孔子曰：“生而知之者上也，学而知之者次也；困而学之，又其次也；困而不学，民斯为下矣。”

【译文】

孔子说：“生来就知道的人是上等，学了以后知道的是第二等的；遇到问题才学习的人，是又次一等的；

遇到问题仍不学习，这样的人是最下等的。”

【评析】

孔子虽说有“生而知之者”，但他不承认自己是这种人，也没有见到这种。他说自己是经过学习之后才知道的。他希望人们勤奋好学，不要等遇到困难再去学习。俗话说：“书到用时方恨少，就是讲的这个道理。至于遇到困难还不去学习，就不足为训了。

【原文】

孔子曰：“君子有九思①：视思明，听思聪，色思温，貌思恭，言思忠，事思敬，疑思问，忿思难，见得思义。”

【注释】

①思：要想要。

【译文】

孔子说：“君子有九点要考虑的：看的要考虑是否明白，听的要考虑是否清楚，脸上的颜色要考虑是否温和，容止要考虑是否谦恭，语言要考虑是否忠诚，做事要考虑是否谨慎，疑问要考虑如何向人请教，心里不平时要考虑是否有后患，得到利益时要考虑不要忘义。”

【评析】

本章通过孔子所谈的“君子有九思”，把人的言行举止的各个方面都考虑到了，他要求自己和学生们一言一行都要认真思考和自我反省，这里包括个人道德修养的各种规范，如温、良、恭、俭、让、忠、孝、仁、义、礼、智等等，所有这些，是孔子关于道德修养学说的组成部分。

【原文】

孔子曰：“见善如不及，见不善如探汤[①]。吾见其人矣，吾闻其语矣。隐居以求其志，行义以达其道。吾闻其语矣，未见其人也。”

【注释】

①探：把手伸进去。汤：开水，热水。

【译文】

孔子说：“见到善良的行为就好像赶不上一样去追赶，见到不良行为就好比把手伸到开水中要极力避开。我见过这样的人，也听过这样的话。隐居避世来保全自己的节操，按照礼义行事来达到自己所主张的道。我听过这样的话，却没见过这样的人。”

【原文】

齐景公有马千驷[①]，死之日，民无德而称焉。伯夷叔齐饿于首阳之下，民到于今称之。其斯之谓与？

【注释】

①千驷：四千匹马。

【译文】

齐景公有四千匹马，可是他死的时候，却没有什么德行值得百姓称颂的。伯夷和叔齐饿死在首阳山下，百姓到今天还称赞他们的气节。人们就是这样评论他们吧！

【原文】

陈亢[①]问于伯鱼曰：“子亦有异闻[②]乎？”对曰：“未也。尝独立，鲤趋过庭。曰：“‘学诗乎？’对曰：“‘未也。’‘不学诗，无以言。’鲤退而学诗。他日，又独立，鲤趋而过庭。曰：“‘学礼乎？’对曰：“未也。’‘不学礼，无以立。’鲤退而学礼。闻斯二者。”陈亢退而喜曰：“问一得三，闻诗，闻礼，又闻君子之远③其子也。”

【注释】

①陈亢：亢，即陈子禽。

②异闻：这里指不同于对其他学生所讲的内容。

③远：不亲近，不偏爱。

【译文】

陈亢向孔子的儿子伯鱼问道：“你在老师那里听到有与别人不同的教诲吗？”伯鱼回答说：“没有啊。他曾自己站在那里，我快步从前庭经过。他问我：‘学诗了没有？’我说：“‘没有啊。’他说：“‘不学诗，不能有好的言辞。’我马上就去学诗。还有一天，他又独自站在那里，我又从前庭经过，他说：“‘学礼了吗？’我回答说：“‘没有。’他说：“‘不学礼，不能树立自己的德行。’我马上又学礼。我只听到这两件事。”陈亢退出来以后高兴地说：“问一件事却有三点收获：知道了学诗的意义，知道了学礼的意义，又知道了君子并不偏爱他的儿子。”

【原文】

邦君之妻，君称之曰夫人，夫人自称曰小童；邦人称之曰君夫人，称诸异邦曰寡小君；异邦人称之亦曰君夫人。

【译文】

国君的妻子，国君称为“夫人”，夫人自称为“小童”；国中的百姓称她为“君夫人”，对别国就称她为“寡小君”；别国的人也称她为“君夫人”。

【评析】

这套称号是周礼的内容之一。这是为了维护等级名分制度，以达到“名正言顺”的目的。

阳货篇第十七

《阳货》篇共26章。其中著名的文句有："性相近也，习相远也"；"唯上知与下愚不移"；"君子有勇而无义为乱，小人有勇而无义为盗"；"唯女子与小人为难养也"。这一篇中，介绍了孔子的道德教育思想，孔子对仁的进一步解释，还有关于为父母守丧三年问题，也谈到君子与小人的区别等等。

【原文】

阳货①欲见孔子，孔子不见，归孔子豚②。孔子时其亡③也，而往拜之，遇诸涂④。谓孔子曰："来！予与尔言。"曰："怀其宝而迷其邦⑤，可谓仁乎？"曰："不可——好从事而亟⑥失时，可谓知乎？"曰："不可。——日月逝矣，岁不我与⑦。"孔子曰："诺；吾将仕矣。"

【注释】

①阳货：又叫阳虎，季氏的家臣。

②归孔子豚：归，(音)，赠送。豚，(音)，小猪。赠

给孔子一只熟小猪。

③时其亡：等他外出的时候。

④遇诸涂：涂，同“途”，道路。在路上遇到了他。

⑤迷其邦：听任国家迷乱。

⑥亟：屡次。

⑦与：在一起，等待的意思。

【译文】

阳货想要见孔子，孔子不见，他送给孔子一头烹熟的小猪。孔子趁他不在家时，便去他家拜谢。正巧在路上相遇。阳货对孔子说：“你来，我有话对你说。”阳货说：“怀里藏着宝器却任凭国家混乱，可以称为仁人吗？”接着说道：“不可以。——喜欢做事但多次失去机会，可以称为明智吗？”接着又说道：“不可以。——时光流逝，岁月不再属于我。”孔子说：“好吧！我准备做官了。”

【原文】

子曰：“性相近也，习相远也。”

【译文】

孔子说："人的本性是相近的，只不过生活的环境不同而相差远了。"

【原文】

子曰："唯上智与下愚不移。"

【译文】

孔子说："只有最上等的聪明人和最下等的愚笨的人是不能改变的。"

【评析】

"上智"是指高贵而有智慧的人；"下愚"指卑贱而又愚蠢的人，这两类人是先天所决定的，是不能改变的。这种观念如果用阶级分析的方法去看待，则有其歧视甚至侮辱劳动民众的一面，这是应该予以指出的。

【原文】

子之武城[①]，闻弦歌[②]之声。夫子莞尔而笑，曰："割鸡焉用牛刀？"子游对曰："昔者偃也闻诸夫子曰："'君子学道则爱人，小人学道则易使也。’”子曰：“二三子！偃之言是也。前言戏之耳。”

【注释】

①武城：鲁国的一个小城，当时子游是武城宰。

②弦歌：弦，指琴瑟。以琴瑟伴奏歌唱。

【译文】

孔子到子游做县长的武城，听到了弹瑟和唱歌的声音。孔子微微一笑说：“杀鸡哪里用得着宰牛的刀？”子游回答说：“以前我也听到老师说：‘君子学道就有了仁爱之心，小人学道则容易听人指挥。’”孔子说：“你们这些学生！子游的话是对的。我先说那些话是开玩笑啊！”

【原文】

公山弗扰①以费畔，召，子欲往。子路不说，曰：“末之也，已②，何必公山氏之之也③？”子曰：“夫召我者，而岂徒④哉？如有用我者，吾其为东周乎⑤？”

【注释】

①公山弗扰：人名，又称公山不狃，字子洩，季氏

的家臣。

②末之也已：末，无。之，到、往。末之，无处去。已，止，算了。

③之之也：第一个“之”字是助词，后一个“之”字是动词，去到的意思。

④徒：徒然，空无所据。

⑤吾其为东周乎：为东周，建造一个东方的周王朝，在东方复兴周礼。

【译文】

公山弗扰在费地兵变，召孔子，孔子准备去。子路不高兴了，他说：“没有地方就算了，为什么一定要到公山氏那里去呢？”孔子说：“召我去的那个人，难道是白让我去吗？假如有人任用我，我不是可以使周代复兴吗？”

【原文】

子张问仁于孔子。孔子曰：“能行五者于天下为仁矣。”“请问之。”曰：“恭、宽、信、敏、惠。恭则不侮，宽则得众，信则人任焉①，敏则有功，惠则足以使人。”

【译文】

子张向孔子问仁道。孔子说："能在天下实行五种品德的人就可以成为仁人了。"子张说："请问哪五种品德。"孔子说："恭谨、宽厚、诚信、聪敏、慈惠。恭谨则不会遭侮辱，宽厚就能得到众人的拥护，诚信就能使人信任，聪敏就会有成绩，慈惠则足可以差遣人。"

【原文】

佛肸[①]召，子欲往。子路曰："昔者由也闻诸夫子曰：''亲于其身为不善者，君子不入也。'佛肸以中牟[②]畔，子之往也，如之何？"子曰："然，有是言也。不曰坚乎，磨而不磷[③]；不曰白乎，涅[④]而不缁[⑤]。吾岂匏瓜[⑥]也哉？焉能系[⑦]而不食？"

【注释】

①佛肸：(音)，晋国大夫范氏家臣，中牟城地方官。

②中牟：地名，在晋国，约在今河北邢台与邯郸之间。

③磷：损伤。

④涅：一种矿物质，可用作颜料染衣服。

⑤缁：(音)，黑色。

⑥匏瓜：葫芦中的一种，味苦不能吃。

⑦系：(音)，结，扣。

【译文】

佛肸召孔子，孔子想去。子路说："以前我听老师说：'亲自做坏事的人那里，君子是不去的。'佛肸依凭中牟地方起兵叛乱，你却要到那里去，怎么可以呢？"孔子说："对，我是说过这话。不是说坚硬的东西磨也磨不薄吗；不是说白色的东西染也染不黑吗？我怎能像匏瓜一样，只能挂在那里而不能吃呢？"

【原文】

子曰："由也！女闻六言六蔽矣乎？"对曰："未也。""居[①]！吾语女。好仁不好学，其蔽也愚[②]；好知不好学，其蔽也荡[③]；好信不好学，其蔽也贼[④]；好直不好学，其蔽也绞[⑤]；好勇不好学，其蔽也乱；好刚不好学，其蔽也狂。"

【注释】

①居：坐。

②愚：受人愚弄。

③荡：放荡。好高骛远而没有根基。

④贼：害。

⑤绞：说话尖刻。

【译文】

孔子说："仲由！你听说过六句话与六种弊端吗？"仲由回答说："没有。"孔子说："你坐下！我告诉你。喜好仁德却不爱学问，它的弊端就是愚昧。喜好聪明却不爱学问，它的弊端就是放荡。喜好诚信而不爱学问，它的弊端就是被人利用而害了自己。喜好直率而不爱学问，它的弊端就是急切。喜好勇敢而不爱学问，它的弊端就是闯祸作乱。喜好刚强而不爱学问，它的弊端就是轻狂。"

【原文】

子曰："小子何莫学夫诗？诗，可以兴[①]，可以观[②]，可以群[③]，可以怨[④]。迩[⑤]之事父，远之事君；多识于鸟兽草木之名。"

【注释】

①兴：激发感情的意思。一说是诗的比兴。

②观：观察了解天地万物与人间万象。

③群：合群。

④怨：讽谏上级，怨而不怒。

⑤迩：(音)，近。

【译文】

孔子说：“学生们为什么没有人研究诗呢？诗，可以把人的意志、情感、艺术想象力激发出来，可以以此观察社会民俗与风情，可以对人民产生教育感化，达到彼此和谐的作用，可以借此表达对时事政治的见解，达到讥刺的作用。所以近可以以此侍奉父母，远可以以此侍奉君主，而且能从中多了解鸟兽草木的名称。”

【原文】

子谓伯鱼曰：“女为《周南》[①]《召南》矣乎？人而不为《周南》《召南》，其犹正墙面而立[②]也与？”

【注释】

①《周南》《召南》：《诗经·国风》中的第一二两部分篇名。周南和召南都是地名。这是当地的民歌。

②正墙面而立：面向墙壁站立着。

【译文】

孔子对伯鱼说：“你研究过《周南》《召南》这两

部分诗吗？人如果不研究《周南》《召南》两部分诗，就好像面对墙壁站着无法与人交谈呀！”

【原文】

子曰：“礼云礼云，玉帛云乎哉①？乐云乐云，钟鼓云乎哉？”

【注释】

①玉帛：古代祭祀或盟会时用的贵重礼物。

【译文】

孔子说：“所谓的礼啊，难道就是指玉帛等礼物而说的吗？所谓的乐啊，难道就是指钟鼓之类的乐器而说的吗？”

【原文】

子曰：“色厉而内荏①，譬诸小人，其犹穿窬②之盗也与？”

【注释】

①色厉内荏：厉，威严，荏，虚弱。外表严厉而内心虚弱。

②窬：(音)，洞。

【译文】

孔子说："外表严厉而内心怯弱，这种人，譬如小人一样，就好像穿壁跳墙的小偷吧？"

【原文】

子曰："乡愿，德之贼也。"

【译文】

孔子说："那些没有是非的先生，是败坏伦理道德的小人。"

【评析】

孔子所说的"乡愿"，就是指那些表里不一、言行不一的伪君子，这些人欺世盗名，却可以堂而皇之地自我炫耀。孔子反对"乡愿"，就是主张以仁、礼为原则，只有仁、礼可以使人成为真正的君子。

【原文】

子曰："道听而途说，德之弃也。"

【译文】

孔子说："听到道上传言而四处传播，是背弃道德的行为。"

【评析】

道听途说是一种背离道德准则的行为，而这种行为自古以来就存在的。在现实生活中，有些不仅是道听途说，而且四处打听别人的隐私，然后到处传说，以此作为生活的乐趣，实乃卑鄙之小人。

【原文】

子曰："鄙夫可与事君也与哉？其未得之也，患得之。既得之，患失之。苟患失之，无所不至矣。"

【译文】

孔子说："庸俗浅陋的人可以与他一起侍奉君主吗？功名利禄没有得到时，害怕得不到。得到了以后，又害怕失去。如果害怕失去，那就没有什么事不能干的了。"

【评析】

孔子在本章里对那些一心想当官的人斥为鄙夫，这种人在没有得到官位时总担心得不到，一旦得到又怕失去。为此，他就会不择手段去做任何事情，以至于不惜危害群体，危害他人。这种人在现实生活中也是司空见惯的。当然，这种人是不会有什么好的结局的。

【原文】

子曰："古者民有三疾，今也或是之亡也。古之狂①也肆②，今之狂也荡③；古之矜也廉④，今之矜也忿戾⑤；古之愚也直，今之愚也诈而已矣。"

【注释】

①狂：狂妄自大，愿望太高。

②肆：放肆，不拘礼节。

③荡：放荡，不守礼。

④廉：不可触犯。

⑤戾：火气太大，蛮横不讲理。

【译文】

孔子说："古代的人民有三种毛病，现在有的连这三种毛病也没有了。古代的狂人是肆意直言，现在的狂人是放荡不羁；古代矜持的人行为方正，现在矜持的人容易愤怒而不讲理；古代的愚人耿直坦率，现在的愚人却学会了欺骗装相了。”

【评析】

孔子所处的时代，已经与上古时代有所区别，上古时期人们的“狂”“矜”“愚”虽然也是毛病，但并非不能让人接受，而今天人们的这三种毛病都变本加厉。从孔子时代到现在，又过去了两三千年了，这三种毛病不但没有改变，反而有增无减，愈益加重，到了令人无法理喻的地步。这就需要用道德的力量加以惩治。也希望有这三种毛病的人警醒。

【原文】

子曰：“巧言令色，鲜矣仁。”

【注释】

①本章已见于《学而篇》第一之第三章，此处系重出。

【译文】

孔子说：“花言巧语，装模作样，这样的人很少有仁义之心。”

【原文】

子曰：“恶紫之夺朱也，恶郑声之乱雅乐。①恶利口之覆邦家者。”

【注释】

①郑声：郑地的民间音乐。

【译文】

孔子说：“我厌恶紫色，它夺去了红色的光彩；我厌恶郑国的俗乐，它破坏了和谐的雅乐；我厌恶伶牙俐齿倾覆国家的人。”

【原文】

子曰：“予欲无言。”子贡曰：“子如不言，则小子何述焉？”子曰：“天何言哉？四时行焉，百物生焉，天何言哉？”

【译文】

孔子说：“我不想说什么了。”子贡说：“你如果不说什么了，那我们还说什么呢？”孔子说：“天说什么了？一年四季照常运转，万物自然生长，天说什么了呢？”

【原文】

孺悲[1]欲见孔子，孔子辞以疾。将命者出户，取瑟而歌，使之闻之。

【注释】

①孺悲：鲁国人，鲁哀公曾派他向孔子学礼。

【译文】

鲁国人孺悲要见孔子，孔子推托有病拒绝了。传命的人刚出房门，孔子就取下瑟来弹唱，故意让孺悲听见。

【原文】

宰我问："三年之丧，期已久矣。君子三年不为礼，礼必坏；三年不为乐，乐必崩。旧谷既没，新谷既升，钻燧改火[1]，期[2]可已矣。"子曰："食夫稻[3]，衣夫锦，于女安乎？"曰："安。""女安，则为之！夫君子之居丧，食旨[4]不甘，闻乐不乐，居处不安，故不为也。今女安，则为之！"宰我出。子曰："予之不仁也！子生三年，然后免于父母之怀。夫三年之丧，天下之通丧也，予也有三年之爱于其父母乎！"

【注释】

①钻燧改火：古人钻木取火，四季所用木头不同，每年轮一遍，叫改火。

②期：一年。

③食夫稻：古代北方少种稻米，故大米很珍贵。这里是说吃好的。

④旨：甜美，指吃好的食物。

【译文】

宰我问孔子："三年的守丧，时间太久了。君子三年不习礼仪，礼仪一定崩坏；三年不习音乐，音乐一定崩坏。旧粮用完了，新粮又收成了，钻木取火木料更换经过了一个轮回，一年就可以了。"孔子说："当你吃着稻米，穿着锦缎，心里安宁吗？"宰我说："安宁。"孔子说："你心里安宁，那你就那样做吧！君子守丧，吃美味不觉甘美，听音乐不觉得快乐，住在家里不觉得舒适，所以君子不能像你那样做。如今你心里安宁，那你去做吧！"宰我走出去了。孔子说："宰我不仁呀！孩子生下来三年，才能从父母的怀抱里脱离出来。为父母守孝三年，是天下公认的丧期，宰我也有父母怀中的三年爱抚呀！”

【评析】

这一段说的是孔子和他的弟子宰我之间，围绕丧礼应服几年的问题展开的争论。孔子的意见是孩子生下来以后，要经过三年才能离开父母的怀抱，所以父母去世了，也应该为父母守三年丧。这是必不可少的。所以，他批评宰我“不仁”。其实在孔子之前，华夏族就已经有为父母守丧三年的习惯，经过儒家在这个问题上的道德制度化，一直沿袭到今天。这是以“孝”的道德为思想基础的。

【原文】

子曰：“饱食终日，无所用心，难矣哉！不有博弈者乎[①]？为之，犹贤乎已。”

【译文】

孔子说：“整天吃饱了饭，什么也不想，也不干，不行啊！不是有赌博下棋的吗？干点这个，也比闲着好啊！”

【原文】

子路曰：“君子尚勇乎？”子曰：“君子义以为上，君子有勇而无义为乱，小人有勇而无义为盗。”

【译文】

子路说：“君子崇尚勇敢吗？”孔子说：“君子把义看作最尊贵的，君子只有勇敢而不懂得义就会扰乱国家，小人只有勇敢而没有义就会成为盗贼。”

【原文】

子贡曰：“君子亦有恶[①]乎？”子曰：“有恶：恶称人之恶者，恶居下流[②]而讪[③]上者，恶勇而无礼者，恶果敢而窒[④]者。”曰：“赐也亦有恶乎？”“恶徼[⑤]以为知[⑥]者，恶不孙[⑦]以为勇者，恶讦[⑧]以为直者。”

【注释】

①恶：厌恶。

②下流：下等的，在下的。

③讪：诽谤。

④窒：阻塞，不通事理，顽固不化。

⑤徼：窃取，抄袭。

⑥知：同“智”。

⑦孙：同“逊”。

⑧讦：攻击、揭发别人。

【译文】

子贡说："君子也有憎恶的事吗？"孔子说："有憎恶的事：憎恶总说别人不好的人，憎恶在下位却总毁谤上位的人，憎恶只有勇敢而不懂得礼的人，憎恶做事倔强而不会变通的人。"孔子又说："赐你也有憎恶的事吗？"子贡说道："我憎恶窃取别人的成绩作为自己智慧的人，憎恶不谦逊却自以为自己勇敢的人，憎恶攻击别人的短处自以为自己正直的人。"

【原文】

子曰："唯女子与小人为难养也，近之则不孙，远之则怨。"

【译文】

孔子说："只有女子和小人是最难教养的，亲近他们则无礼，远离他们则有怨气。"

【评析】

这一章表明孔子轻视妇女的思想。这是儒家一贯的思想主张，后来则演变为"男尊女卑""夫为妻纲"的男权主义。

【原文】

子曰："年四十而见恶焉，其终也已。"

【译文】

孔子说："到了四十岁时而被人厌恶，那么这一生就完了。"

微子篇第十八

《微子》篇共计11章。其中著名的文句有:“四体不勤,五谷不分”;“往者不可谏,来者犹可追。”这一篇中有如下内容:孔子的政治思想主张,孔子弟子与老农谈孔子、孔子关于塑造独立人格的思想等。

【原文】

微子①去之,箕子②为之奴,比干③谏而死。孔子曰:“殷有三仁焉。”

【注释】

①微子:殷纣王的同母兄长,见纣王无道,劝他不听,遂离开纣王。

②箕子:箕,。殷纣王的叔父。他去劝纣王,见王不听,便披发装疯,被降为奴隶。

③比干:殷纣王的叔父,屡次强谏,激怒纣王而被杀。

【译文】

纣王暴虐，同母兄微子离开了他，纣王的叔父箕子被降为奴隶，另一叔父比干因进谏纣王而被纣王处死。孔子说："殷商时有三个仁人啊！"

【原文】

柳下惠为士师[①]，三黜[②]。人曰："子未可以去乎？"曰："直道而事人，焉往而不三黜？枉道而事人，何必去父母之邦？"

【注释】

①士师：典狱官，掌管刑狱。

②黜：罢免不用。

【译文】

柳下惠做法官，三次被罢官。有人对他说："您不能离开鲁国吗？"柳下惠说："坚持正直之道为人干事，到哪里能不被罢官呢？以邪门歪道去为人干事，又为什么一定要离开生育自己的国家呢？"

【原文】

齐景公待孔子曰："若季氏，则吾不能；以季孟之间待之。"

曰："吾老矣，不能用也。"孔子行。

【译文】

齐景公谈到怎样对待孔子时说："像对待季氏那样对待他，那我做不到；我可以用对季氏和孟氏中间的态度对待他。"又说："我老了，不能做什么了。"孔子便离开了齐国。

【原文】

齐人归[①]女乐，季桓子[②]受之，三日不朝，孔子行。

【注释】

①归：同馈，赠送。

②季桓子：鲁国宰相季孙斯。

【译文】

齐国送给鲁国许多女乐，季桓子都接受了，鲁君便三天不理朝政，孔子离开了鲁国。

【原文】

楚狂接舆[①]歌而过孔子曰："凤兮凤兮！何德之衰？往者不可谏，来者犹可追。已而，已而！今之从政者殆而！"孔子下，欲与之言。趋而辟之，不得与之言。

【注释】

①楚狂接舆：一说楚国的狂人接孔子之车；一说楚国叫接舆的狂人；一说楚国狂人姓接名舆。本书采用第二种说法。

【译文】

楚国的狂人接舆唱着歌从孔子车前走过，他唱道："凤鸟啊凤鸟啊！你的德行为什么衰退了呢？过去的事情已经不能挽回了，未来的事情还来得及呀。算了吧，算了吧！如今那些从政的人都危险啊！"孔子下车，想和他交谈。接舆赶快走开了，孔子无法和他交谈。

【原文】

长沮、桀溺[①]耦而耕[②]，孔子过之，使子路问津[③]焉。长沮曰："夫执舆[④]者为谁？"子路曰："为孔丘。"曰："是鲁孔丘与？"曰："是也。"曰："是知津矣。"问于桀溺。桀溺曰："子为谁？"曰："为仲由。"曰："是鲁孔丘之[⑤]徒与？"对曰："然。"曰："滔滔者天下皆是也，而谁以易之？且而与其从辟人之士也，岂若从辟[⑥]世之士哉？"耰[⑦]而不辍。子路行以告。

夫子怃然[8]曰："鸟兽不可与同群，吾非斯人之徒与而谁与？天下有道，丘不与易也。"

【注释】

①长沮、桀溺：两位隐士，真实姓名和身世不详。

②耦而耕：两个人合力耕作。

③问津：津，渡口。寻问渡口。

④执舆：即执辔。

⑤之：与。

⑥辟：同"避"。

⑦耰：用土覆盖种子。

⑧怃然：怅然，失意。

【译文】

长沮、桀溺两人一起耕种，孔子从那经过，让子路去问渡口在哪里。长沮说："那位驾车的是谁？"子路说："是孔丘。"长沮问：是鲁国的孔丘吗？"子路说："是的。"长沮说："那他已经知道渡口在哪了。"子路又去问桀溺。桀溺说："你是谁？"子路说："是仲由。"桀溺问："你是鲁国孔丘的门徒吗？"子路回答说："是的。"桀溺又说："社会纷乱就像滔滔的洪水一样漫延，谁能把纷乱的社会变革过来呢？与其跟着像孔子这样的避人之士东奔西走，不如跟着我们这样避于世外的隐者隐居不出来呢！”说完继续耕种了。子路回来告诉了孔子。孔子若有所失地说：“人是不能同鸟兽共处的，我不同这些人相处，还同谁相处呢！如果天下有道，我就不参与政治改革了。”

【评析】

这一章反映了孔子关于社会改革的主观愿望和积极的入世思想。儒家不倡导消极避世的做法，这与道家不同。儒家认为，即使不能齐家治国平天下，也要独善其身，做一个有道德修养的人。孔子就是这样一位身体力行者。所以，他感到自己有一种社会责任心，正因为社会动乱、天下无道，他才与自己的弟子们不知辛苦地四处呼吁，为社会改革而努力，这是一种可贵的忧患意识和历史责任感。

【原文】

子路从而后，遇丈人，以杖荷蓧[①]。子路问曰：“子见夫子乎？”丈人曰：“四体不勤，五谷不分[②]。孰为夫子？”植其杖而芸。子路拱而立。止子路宿，杀鸡为黍[③]而食[④]之，见其二子焉。

明日，子路行以告。子曰：“隐者也。”使子路反见之。至，则行矣。子路曰："不仕无义。长幼之节，不可废也；君臣之义，如之何其废之？欲洁其身，而乱大伦。君子之仕也，行其义也。道之不行，已知之矣。"

【注释】

①蓧：古代耘田所用的竹器。

②四体不勤，五谷不分：一说这是丈人指自己。分是粪；不，是语气词，意为：我忙于播种五谷，没有闲暇，怎知你夫子是谁？另一说是丈人责备子路。说子路手脚不勤，五谷不分。多数人持第二种说法。我们以为，子路与丈人刚说了一句话，丈人并不知道子路是否真的四体不勤，五谷不分，没有可能说出这样的话。所以，我们同意第一种说法。

③黍：黏小米。

④食：拿东西给人吃。

【译文】

子路跟着孔子，落在了后面，遇到一位老人，用手杖挑着耕田的用具担在肩上。子路问老人说："您见过孔老先生吗？"老人说："你这种人四肢不会劳动，五谷不分明。谁知道孔老先生是谁？"说完把手杖放到一边耕田去了。子路拱手站在那里。老人留下子路在他家过夜，他杀了鸡做了黄米饭给子路，又让他的两个儿子来见子路。

第二天，子路赶上孔子并把见到老人的事告诉了孔子。孔子说："这是个隐居避世的人。"并让子路返回去见老人。子路到了那里，老人却离开了。子路说："不出来做官没有君臣之义。长幼之间的礼节，不可废除；君臣之义，怎么能废除呢？想要洁身自好，却违背了君臣之义。君子出来做官，是履行君臣之义。良好的道德秩序不能实行，我们早已知道了。"

【评析】

过去有一个时期，人们认为这一章中老丈所说："四体不勤，五谷不分"是劳动人民对孔丘的批判等等。这恐怕是理解上和思想方法上的问题。对此，我们不想多作评论，因为当时不是科学研究，而是政治需要。其实，本章的要点不在于此，而在于后面子路所做的总结。即认为，隐居山林是不对的，老丈与他的儿子的关系仍然保持，却抛弃了君臣之伦。这是儒家向来都不提倡的。

【原文】

逸[①]民：伯夷、叔齐、虞仲、夷逸、朱张、柳下惠、少连[②]。子曰："不降其志，不辱其身。伯夷、叔齐与！"谓："柳下惠、少连，降志辱身矣，言中伦，行中虑，其斯而已矣。"谓："虞仲、夷逸、隐居放[3]言，身中清，废中权。我则异于是，无可无不可。"

【注释】

①逸：同"佚"，散失、遗弃。

②虞仲、夷逸、朱张、少连：此四人身世无从考，从文中意思看，当是没落贵族。

③放：放置，不再谈论世事。

【译文】

古代的隐者有："伯夷、叔齐、虞仲、夷逸、朱张、柳下惠、少连。孔子说："不降低自己的志向，不侮辱自己的人格，是伯夷、叔齐吧！"又说："柳下惠、少连降低了自己的意志，人格受到了侮辱，但是他们的言论合乎伦理之道，他们的行为符合大家的心愿，那也不过如此罢了。"接着又说道："虞仲、夷逸，隐居避世，放肆直言，行为廉洁，抛弃了通达权变。我却和他们都不一样，没有可以，也没什么不可以。"

【原文】

大师挚[1]适齐，亚饭[2]干适楚，三饭缭适蔡，四饭缺适秦，鼓方叔[3]入于河，播鼗[4]武入于汉，少师[5]阳、击磬襄[6]入于海。

【注释】

①大师挚：大同“太”。太师是鲁国乐官之长，挚是人名。

②亚饭、三饭、四饭：都是乐官名。干、缭、缺是人名。

③鼓方叔：击鼓的乐师名方叔。

④鼗：小鼓。

⑤少师：乐官名，副乐师。

⑥击磬襄：击磬的乐师，名襄。

【译文】

太师挚来到了齐国，第二餐的乐师干去了楚国，第三餐的乐师缭去了蔡国，第四餐的乐师缺去了秦国，击鼓的方叔到了河内，摇小鼓的乐师武到了汉中，少师阳和击磬的襄到了海滨。

【原文】

周公谓鲁公[1]曰：“君子不施[2]其亲，不使大臣怨乎不以[3]。故旧无大故，则不弃也。无求备于一人！”

【注释】

①鲁公：指周公的儿子伯禽，封于鲁。

②施：同“弛”，怠慢、疏远。

③以：用。

【译文】

周公对鲁公说：“君子不慢待他的亲戚，不让大臣怨恨自己不信任自己。故旧亲友没什么大的过错，就不要抛弃他。不对任何人求全责备。”

【原文】

周有八士：伯达、伯适、仲突、仲忽、叔夜、叔夏、季随、季騧。

【注释】

①八士：本章中所说八士已不可考。

【译文】

周朝有八个名士：伯达、伯适、仲突、仲忽、叔夜、叔夏、季随、季騧。

子张篇第十九

《子张》篇共计25章。其中著名的文句有："见危致命，见得思义"；"仕而优则学，学而优则仕"；"君子之过，犹日月之食"；"其生也荣，其死也哀"。本篇中包括的主要内容有：孔子学而不厌、不耻下问的精神；孔子对殷纣王的批评，孔子关于学与仕的关系，君子与小人在有过失时的不同表现，以及孔子与其学生和他人之间的对话。

【原文】

子张曰："士见危致命，见得思义，祭思敬，丧思哀，其可已矣。"

【译文】

子张说："士在国家遇到危难时献出生命，遇到利益时首先想到义，祭祀时想的是如何恭敬，居丧时想到如何致哀，这就可以了罢。"

【评析】

“见危致命，见得思义”，这是君子之所为，在需要自己献出生命的时候，他可以毫不犹豫，勇于献身。同样，在有利可得的时候，他往往想到这样做是否符合义的规定。这是孔子思想的精华点。

【原文】

子张曰：“执德不弘，信道不笃，焉能为有？焉能为亡？”

【译文】

子张说：“坚守道却不能使它发扬光大，信奉道却不能笃实，这样的人有他或没他都能怎么样呢？”

【原文】

子夏之门人问交于子张。子张曰：“子夏云何？”对曰：“子夏曰：‘可者与之，其不可者拒之。’”子张曰：“异乎吾所闻：君子尊贤而容众，嘉善而矜不能。我之大贤与，于人何所不容？我之不贤与，人将拒我，如之何其拒人也？”

【译文】

子夏的学生问子张怎样交朋友。子张说：“子夏怎么说？”学生回答说：“子夏说：‘可交的就与他交往，不可交的就拒绝往来。’”子张说：“与我所听到的不同，君子尊重贤德的人而且容纳众人，赞赏好的而同情无能的人。我是最讲究贤德的人吗？对于众人有什么不能容纳的呢？我不贤德吗？人们将拒绝和我交往，我又怎么能拒绝别人呢？”

【原文】

子夏曰：“虽小道[①]，必有可观者焉；致远恐泥[②]，是以君子不为也。”

【注释】

①小道：指各种农工商医卜之类的技能。

②泥：阻滞，不通，妨碍。

【译文】

子夏说：“即使是小的技艺，也一定有可取的东西；但是要达到远大的目标恐怕行不通，所以君子不干这些。”

【原文】

子夏曰：“日知其所亡，月无忘其所能，可谓好学也已矣。”

【译文】

子夏说："每天能知道自己所不知道的，每月不忘自己所掌握的，可以说是好学的了。"

【评析】

这是孔子教育思想的一个组成部分。孔子并不笼统反对博学强记，因为人类知识中的很多内容都需要认真记忆，不断巩固，并且在原有知识的基础上再接受新的知识。这一点，对我们今天的教育也有某种借鉴作用。

【原文】

子夏曰："博学而笃志①，切问②而近思，仁在其中矣。"

【注释】

①笃志：志，意为"识"，此为强记之义。

②切问：问与切身有关的问题。

【译文】

子夏说："广博地学习并且坚守自己的志向，恳切地发问并且不断思考问题，仁就在其中了。"

【评析】

这里又提到孔子的教育方法问题。“博学而笃志”即“博学而强记”，再一次谈到它的重要性的问题。

【原文】

子夏曰：“百工居肆①以成其事，君子学以致其道。”

【注释】

①百工居肆：百工，各行各业的工匠。肆，古代社会制作物品的作坊。

【译文】

子夏说：“各种工匠在他们的作坊里才能完成他们的工作，君子只有学习才能达到所追求的仁道。”

【原文】

子夏曰：“小人之过也必文①。”

【注释】

①文：文饰，掩饰。

【译文】

子夏说："小人对自己的错误必定要加以掩饰。"

【原文】

子夏曰："君子有三变：望之俨然，即之也温，听其言也厉。"

【译文】

子夏说："君子有三变：看上去庄重严肃，与他接近则温柔敦厚，听他说话则严厉不苟。"

【原文】

子夏曰："君子信而后劳其民；未信，则以为厉己也[①]。信而后谏；未信，则以为谤己也。"

【注释】

①厉：祸患、危害。

【译文】

子夏说："君子一定要得到人民信任后再使唤人民；没有得到信任，人民会以为你在危害他们。必须得到信任而后才能进谏；没有得到信任，君主会以为你在诽谤他。”

【原文】

子夏曰：“大德[1]不踰闲[2]，小德出入可也。”

【注释】

①大德、小德：指大节小节。

②闲：木栏，这里指界限。

【译文】

子夏说：“大的方面的德行不能逾越界限，小的德行可以适当放宽。”

【评析】

这一章提出了大节小节的问题。儒家向来认为，作为有君子人格的人，他应当顾全大局，而不在细枝末节上斤斤计较。

【原文】

子游曰：“子夏之门人小子，当洒扫应对进退，则可矣，抑[1]末也。本之则无，如之何？”子夏闻之，曰：“噫！言游过矣！君子之道，孰先传焉？孰后倦[2]焉？譬诸草木，区以别矣。君子之道，焉可诬[3]也？有始有卒者，其惟圣人乎！”

【注释】

①抑：但是，不过。转折的意思。

②倦：诲人不倦。

③诬：欺骗。

【译文】

子游说：“子夏的学生们，担任洒水扫地、招待客人、应酬问答的事，那是可以的，不过那是末节小事。而实在的本事却没有，那怎么行呢？”子夏听了这话，说：“噫！言游的话错了！君子之道，哪一项是先传授的？哪一项是后传授的呢？就好比草木，要区别不同类别。君子之道，怎么可以随意歪曲呢？有始有终的人，才是圣人啊！”

【评析】

孔子的两个学生子游和子夏，在如何教授学生的问题上发生了争执，而且争得比较激烈，不过，这其中并没有根本的不同，只是教育方法各有自己的路子。

【原文】

子夏曰：“仕而优[1]则学，学而优则仕。”

【注释】

①优：有余力。

【译文】

子夏说：“做官有了余力就可以学习了，学习有了余力就可以做官了。”

【评析】

子夏的这段话集中概括了孔子的教育方针和办学目的。做官之余，还有精力和时间，那他就可以去学习礼乐等治国安邦的知识；学习之余，还有精力和时间，他就可以去做官从政。同时，本章又一次谈到“学”与“仕”的关系问题。

【原文】

子游曰：“丧致[1]乎哀而止。”

【注释】

①致：极致、竭尽。

【译文】

子游说："居丧能够尽到哀思就可以了。"

【原文】

子游曰："吾友张也为难能也，然而未仁。"

【译文】

子游说："我的朋友子张已经难能可贵了，但还没完全做到仁。"

【原文】

曾子曰："堂堂乎张也，难与并为仁矣。"

【译文】

曾子说："伟岸出众啊子张，可是却难以和别人一同达到仁。"

【原文】

曾子曰：“吾闻诸夫子：人未有自致者也[①]，必也亲丧乎[②]！”

【注释】

①致：达到终点。

②亲：父母。

【译文】

曾子说：“我听老师说：“人没有主动流露真感情的，如果有也是在给父母办丧事的时候。”

【原文】

曾子曰：“吾闻诸夫子：孟庄子[①]之孝也，其他可能也；其不改父之臣与父之政，是难能也。”

【注释】

①孟庄子：鲁国大夫孟孙速。

【译文】

曾子说：“我听老师说：“孟庄子的孝，别人也能做到；而他仍然任用父亲在时的僚属和父亲的政治措施，这是难以做到的。”

【原文】

孟氏使阳肤[1]为士师，问于曾子。曾子曰：“上失其道，民散久矣。如得其情，则哀矜[2]而勿喜！”

【注释】

①阳肤：曾子的学生。

②矜：怜悯。

【译文】

孟氏任用阳肤为法官，阳肤向曾子求教。曾子说：“在上位的人失去了仁道，民心涣散很久了。如果了解到犯罪的真情，要哀怜他而不要表现出高兴。”

【原文】

子贡曰：“纣[1]之不善，不如是之甚也。是以君子恶居下流[2]，天下之恶皆归焉。”

【注释】

①纣：商代最后一个君主，名辛，纣是他的谥号，历来被认为是一个暴君。

②下流：即地形低洼各处来水汇集的地方。

【译文】

子贡说："商纣的坏，没有现在说的那么严重。因为君子不愿意居于下流，所以把天下的坏事都归结到商纣身上了。"

【原文】

子贡曰："君子之过也，如日月之食焉：过也，人皆见之；更也，人皆仰之。"

【译文】

子贡说："君子的过错，就像日食和月食一样啊：有了过错，人人都看见了；改正的时候，人人都仰望着。"

【原文】

卫公孙朝问于子贡曰："仲尼焉学？"子贡曰："文武之道，未坠于地，在人。贤者识其大者，不贤者识其小者[①]。莫不有文武之道焉。夫子焉不学？而亦何常师之有？"

【注释】

①卫公孙朝：卫国的大夫公孙朝。

②仲尼：孔子的字。

【译文】

卫国的公孙朝向子贡问道："仲尼的学问从哪里得来的？"子贡说："周文王、武王之道，没有坠落地上，而在人间传述。贤德的人论述大的方面，不贤的人记述小的方面。没有哪个地方没有文武之道的。老师怎么能不学？而且为什么要有固定的老师专门传授呢？"

【评析】

这一章又讲到孔子之学何处而来的问题。子贡说，孔子承袭了周文王、周武王之道，并没有固定的老师给他传授。这实际是说，孔子肩负着承尧舜禹汤文武周公之道，并把它发扬光大的责任，这不需要什么人讲授给孔子。表明了孔子"不耻下问""学无常师"的学习过程。

【原文】

叔孙武孙[①]语大夫于朝曰："子贡贤于仲尼。"子服景伯[②]以告子贡。子贡曰："譬之宫墙[③]，赐之墙也及肩，窥见室家之好。夫子之墙数仞[④]，不得其门而入，不见宗庙之美，百官[⑤]之富。得其门者或寡矣。夫子之云，不亦宜乎！"

【注释】

①叔孙武叔：鲁国大夫，名州仇，三桓之一。

②子服景伯：鲁国大夫。

③宫墙：宫也是墙。围墙，不是房屋的墙。

④仞：古时七尺为仞，一说八尺为仞，一说五尺六寸为仞。

⑤官：这里指房舍。

【译文】

叔孙武孙在朝廷上告诉大夫说："子贡比仲尼要好。"子服景伯把这话告诉了子贡。子贡说："譬如房屋的围墙，我家的围墙只有肩膀那么高，在墙外可以看见室内的好东西。老师家的围墙有几丈高，找不到大门进去，就看不见他那宗庙的美好，房舍的富丽堂皇。能够找到门的人大概是不多的。叔孙武孙的话，不是很自然的吗！"

【原文】

叔孙武孙毁仲尼。子贡曰："无以为也！仲尼不可毁也。他人之贤者，丘陵也，犹可踰也；仲尼，日月也，无得而踰焉。人虽欲自绝，其何伤于日月乎？多[1]见其不知量也。”

【注释】

①多：用作副词，只是的意思。

【译文】

叔孙武孙诋毁仲尼。子贡说：“不要这样做！仲尼是不可毁谤的。他人的贤良，好比丘陵，还可以越过；仲尼，就是太阳和月亮，是无法超越的。人们即使要自绝于日月，那么对日月又有什么伤害呢？只能更多地表现出他们的不自量力啊！”

【原文】

陈子禽谓子贡曰：“子为恭也，仲尼岂贤于子乎？”子贡曰：“君子一言以为知，一言以为不知，言不可不慎也。夫子之不可及也，犹天之不可阶而升也。夫子之得邦家者，所谓立之斯立，道[1]之斯[2]行，绥之斯来，动之斯和。其生也荣，其死也哀，如之何其可及也？”

【注释】

①道：通“导”。

②斯：就。

【译文】

陈子禽对子贡说：“你对仲尼太谦恭了吧，难道仲尼就比你好吗？”子贡说：“君子一句话可以使人认为他聪明，一句话也可以使人认为他不聪明，说话不能不慎重啊。仲尼他老人家是不能比的呀，就好比天是不可以用阶梯而攀登的。他老人家如果得到邦国来治理，就会如同我们所说的能立足的则立足，引导百姓向前走，百姓就会跟随着，安抚百姓，百姓就会来归附，动员百姓，大家就会同心协力。他老人家活着光荣，死了令人哀痛，我怎么能比得上呢？”

尧曰篇第二十

《尧曰》篇共3章，但段落都比较长。本篇中著名的文句有："君子惠而不费，劳而不怨，欲而不贪，泰而不骄，威而不猛"；"宽则得众，信则民任"；"兴灭国，继绝世，举逸民"等。这一篇中，主要谈到尧禅让帝位给舜，舜禅让帝位给禹，即所谓三代的善政和孔子关于治理国家事务的基本要求。

【原文】

尧曰[①]："咨[②]！尔舜！天之历数在尔躬，允[③]执厥中。四海困穷，天禄永终。"舜亦以命禹。曰："予小子履[④]敢用玄牡[⑤]，敢昭告于皇皇后帝：有罪不敢赦。帝臣不蔽，简[⑥]在帝心。朕[⑦]躬有罪，无以万方；万方有罪，罪在朕躬。"周有大赉[⑧]，善人是富。"虽有周亲[⑨]，不如仁人。百姓有过，在予一人。"谨权量[⑩]，审法度[⑪]，修废官，四方之政行焉。兴灭国，继绝世，举逸民，天下之民归心焉。

所重：民、食、丧、祭。宽则得众，信则民任焉，敏则有功，公则说。

【注释】

①尧曰：“下面引号内的话是尧在禅让帝位时给舜说的话。

②咨：即“啧”，感叹词，表示赞誉。

③允：真诚：诚信。

④履：这是商汤的名字。

⑤玄牡：玄，黑色谓玄。牡，公牛。

⑥简：阅，这里是知道的意思。

⑦朕：我。从秦始皇起，专用作帝王自称。

⑧赉：赏赐。下面几句是说周武王。

⑨周亲：至亲。

⑩权量：权，秤锤。指量轻重的标准。量，斗斛。指量容积的标准。

⑪法度：指量长度的标准。

【译文】

尧说：“唉！舜呀！帝位的兴替已经轮到了你身上，你要忠诚地遵守中正之道。如果天下的百姓陷入穷困，上天赐给你的禄位就会永远地终止了。”舜也把这话告诉了禹。商汤说："我履谨用黑色的公牛做牺牲来祭祀，我可以明白地告诉尊贵的上帝：有罪的人我不敢赦免。上帝的臣子有罪我也不能庇护，这些都记在你上帝的心里。我如果有罪，不要牵连天下万方；天下万方有罪，罪责都在我一人身上。"周朝大赏诸侯，善人因此富了起来。"虽有至亲，不如有仁德之人。百姓有过错，责任在我一人身上。"严格地检验和审定度量衡，修整废弃了的官职，使天下的政令通行起来。复兴被灭亡的国家，接续断绝了的后代，荐举隐逸的贤才，天下的民心就会归服了。要重视的是：百姓、衣食、丧礼、祭祀。宽厚就能得到民众的拥护，诚信就能得到民众的信任，勤勉就能取得功绩，公平就会使民众心悦诚服。

【评析】

这一大段文字，记述了从尧帝以来历代先圣先王的遗训，中间或许有脱落之处，衔接不起来。后来的部分里，孔子对三代以来的美德善政做了高度概括，可以说是对《论语》全书中有关治国安邦平天下的思想加以总结，对后代产生了很大的影响力。

【原文】

子张问于孔子曰："何如斯可以从政矣？"子曰："尊五美，屏四恶，斯可以从政矣。"子张曰："何谓五美？"子曰："君子惠而不费，劳而不怨，欲而不贪，泰而不骄，威而不猛。"子张曰："何谓惠而不费？"子曰："因民之所利而利之，斯不亦惠而不费乎？择可劳而劳之，又谁怨？欲仁而得仁，又焉贪？君子无众寡，无小大，无敢慢，斯不亦泰而不骄乎？君子正其衣冠，尊其瞻视，俨然人望而畏之，斯不亦威而不猛乎？"子张曰："何谓四恶？"子曰："不教而杀谓之虐；不戒视成谓之暴；慢令致期谓之贼；犹之与人也，出纳之吝谓之有司[②]。"

【译文】

子张问孔子说："怎么样做可以从事管理政事？"孔子说："尊崇五种美德，摒弃四种恶行，就可以从事管理政事了。"子张问："什么叫作五种美德？"孔子回答说："君子为别人施以恩惠而不耗费财物；让百姓劳作却没有怨言；有所追求而不贪婪；安然处事而不骄恣；威严而不凶猛。"子张又问："什么叫惠而不费呢？"孔子说："从人民的利益出发使他们得到利益，这不是给人民以恩惠而又无所耗费吗？选择可以劳作的叫他们去做，又有谁能有怨言呢？需要仁德就得到了仁德，又贪求什么呢？君子处事不论人多少，无论势力大小，不怠慢他们，这不是安然处事而不骄恣吗？君子使自己衣帽整齐，目不斜视，庄重威严使人望而有所畏惧，这不是威而不猛吗？”子张又问：“什么叫四种恶行？”孔子说：“对犯罪的人不进行教育就杀头叫作虐；事前不进行训诫而责令其成绩叫作暴；懈怠延迟政令下达，下达后限定时间让人完成，这就是残害人民。同样是赏赐于人，出手吝啬，这叫小气。”

【评析】

这是子张向孔子请教为官从政的要领。这里，孔子讲了“五美四恶”，这是他政治主张的基本点，其中包含有丰富的“民本”思想，比如：“因民之所利而利之”，“择可劳而劳之”，反对“不教而杀”“不戒视成”的暴虐之政。从这里可以看出，孔子对德治、礼治社会有自己独到的主张，在今天仍不失其重要的借鉴价值。

【原文】

孔子曰：“不知命，无以为君子也；不知礼，无以立也；不知言[②]，无以知人也。”

【译文】

孔子说：“不懂天命，不可以成为君子；不懂礼义，不能立足于社会；不懂得分辨言语是非，不能了解别人。”

【评析】

这一章，孔子再次向君子提出三点要求，即“知命”“知礼”“知言”，这是君子立身处世需要特别注意的问题。